未名社科·媒介与社会丛书（翻译版）

主编　高丙中　杨伯溆

本书系译者主持的国家社科基金项目
"新媒体语境下政治认同的建构路径研究"
（项目号：15BXW062）的阶段性成果

Numbered Voices
How Opinion Polling Has Shaped American Politics

用数字说话
民意调查如何塑造美国政治

〔美〕苏珊·赫布斯特（Susan Herbst） 著
张健 译 杨席珍 校

著作权合同登记号　图字：01-2016-1069
图书在版编目(CIP)数据

用数字说话：民意调查如何塑造美国政治/(美)苏珊·赫布斯特著；张健译．—北京：北京大学出版社，2018.1
（未名社科．媒介与社会丛书：翻译版）
ISBN 978-7-301-20537-2

Ⅰ．①用…　Ⅱ．①苏…②张…　Ⅲ．①民意测验—社会调查—研究—美国　Ⅳ．①D771.269

中国版本图书馆CIP数据核字(2017)第328918号

Numbered Voices：How Opinion Polling Has Shaped American Politics，by Susan Herbst
© 1993 by the University of Chicago．All rights reserved．
Licensed by The Uiversity of Chicago Press，Chicago，Illinois，U.S.A.

书　　　名	用数字说话：民意调查如何塑造美国政治 YONG SHUZI SHUOHUA： MINYI DIAOCHA RUHE SUZAO MEIGUO ZHENGZHI
著作责任者	〔美〕苏珊·赫布斯特（Susan Herbst） 著　张健 译 杨席珍　校
责任编辑	张盈盈
标准书号	ISBN 978-7-301-20537-2
出版发行	北京大学出版社
地　　　址	北京市海淀区成府路205号　100871
网　　　址	http://www.pup.cn
电子信箱	ss@pup.pku.edu.cn
新浪微博	@北京大学出版社
电　　　话	邮购部62752015　发行部62750672　编辑部62765016
印　刷　者	三河市博文印刷有限公司
经　销　者	新华书店 965毫米×1300毫米　16开本　13.25印张　187千字 2018年1月第1版　2018年1月第1次印刷
定　　　价	36.00元

未经许可，不得以任何方式复制或抄袭本书之部分或全部内容。
版权所有，侵权必究
举报电话：010-62752024　电子信箱：fd@pup.pku.edu.cn
图书如有印装质量问题，请与出版部联系，电话：010-62756370

这本书针对"我们为何进行民意调查,民意调查与何物相伴,又如何影响到当前的政局"进行了原创性、发人深省的分析。赫布斯特的学识无可挑剔,写作思路清晰干练,研究成果新颖独特……倘若仔细评估她所提出的问题和她所得出的结论,每个读者都将获益匪浅。

——Doris A. Graber,《政治学季刊》

对跨越数千年的公众舆论进行了富有智慧、理论丰富、历史广泛的阐释……这一历史阐释非常有趣,也富有启发意义。

——Paul Brace,《美国历史杂志》

赫布斯特巧妙地探讨了某些耐人寻味的议题,这些议题对民主、民主政治至关重要。

——Robert Y. Shapiro,哥伦比亚大学

这本书颇为重要,富有理论抱负,基于公众舆论量化调查的历史进行了有趣的原创研究。

——Daniel C. Hallin,加州大学圣地亚哥分校

中文版序

好友张健,苏州大学凤凰传媒学院教授,翻译了美国政治和传播学者苏珊·赫布斯特的成名作——《用数字说话:民意调查如何塑造美国政治》,并嘱我写序,我唯有斗胆从命。这一是因为几年前他在我校做访问学者时,进一步发展了他对美国进步主义时代政治传播和舆论表达的研究,并在此过程中对这本书产生了浓厚兴趣,跟我谈过将其翻译成中文的想法,我曾一味地鼓励;二是北京大学出版社的编辑周丽锦女士曾就出版这本书的中译本来邮件咨询,我也是一味地推荐。现在,这本书的中文译本就在我眼前,我理当为读者解释一下,为什么支持出版这本书的中文版。

这是一本小书,从很多方面讲都是如此。我书架上存放的是芝加哥大学1993年的硬皮版,它是32开本,总共也就227页。这本书是美国著名政治学家、西北大学政治学教授本杰明·佩奇(Benjamin Page)担纲主编的"美国政治与政治经济书系"中的一本,即便是在这个书系中,它也是一部篇幅短小的书。但是,能进入佩奇的慧眼并置身这个书系,本身就证实了这本书的学术价值:佩奇所编辑的这个书系,从1989年开始,已经出版了近50部(就我所知)在美国政治学、公共政策、传播学和社会学等领域产生重大影响的学术著作,我自己的书架上就有7本这个系列的书。尽管为减少经济负担,我非常谨慎地只选购那些品质极好、我必须随手可及的书,赫布斯特这本还是我选购的其中之一。

这是一本跨学科的著作。它是历史学著作,因为讲述的是舆论的量化表达如何在与美国的政治运作互动当中逐渐上升并最终使得"民意调查"近乎成为"舆论"之代名词的历史。但作为历史学著作,它格局不大:它针对一个历史现象并以历史叙事的方式解读其理论意义,虽然将现象追溯到了古希腊时代的雅典城邦民主,但聚焦的还是19世纪以降的美国,如它的副标题所界定。即便是这样,如一位著名政治学家在其充满溢美之词的书评中指出的,这本书是对于这段历史的零星而非系统的叙述,因为作者的用意不在史实的挖掘、甄别和叙述,而主要在理论的解读。

作为一部理论著作,这本书运用韦伯对现代化即理性化的概括,论述了在美国大众民主运作过程中民意或公众如何日渐褪色、变质的过程。赫布斯特通过历史的叙事而论述道,由于问卷调查技术的日渐成熟并被广为应用,由于这个应用所生发出的新兴行业——问卷调查业和政治咨询业,民众表达日益受缚于民调执行者们所设计的意见测量工具,受制于测量工具的表达形式,并被政治操控策略左右,这极大地抑制了民众当中自由、自发的讨论,其结果是,民意脱离其自由、自发的本真性根基,民主政治变质为符号的权威和正当性的争夺,公众蜕化为得不到自主发声机会的群氓。在搭建这个论述框架时,作者受益于美国政治学家摩尔瑞·艾德曼(Murray Edelman)关于符号的政治的论述,运用了韦伯的理性化和哈贝马斯的公共领域等理论。但是,这并不是一部抽象的理论著作,而是将理论的论述编织于历史叙事当中的一部叙事性著作。它的诱人之处在于可读性很强,并因叙事使理论增添了青翠的绿色。它的不足是,这个取向使得它的理论阐述未能得到深入展开,而且,在论述了舆论测量和表述的"理性化过程"如何导致哈贝马斯式的理想公共领域的颓败后,赫布斯特提不出什么理论上有创意的处方,唯有建议我们回到芝加哥学派的布鲁默在象征互动视角下对公众形成过程的论述。这在这部书成书的20世纪80年代末和90年代初也许可以,但在今天就显得理论视野上需要与近20多年来的理论发展接轨。

这样一部小书,出版后广受好评,成为政治传播、舆论、民主理论、美国政治历史等领域的研究者们的必读书之一。在中国的学术和公共生活场景下,这本书有极强的针对性。它可以启发我们批判地审视我们对"民意""民意调查""舆论""舆论场"等概念的不假思索式的运用,我们对"民意调查"结果的或迷信或粗暴的拒绝,我们对"公众""公共""公开"等概念中所应当蕴含的自由、自发、不受制约的讨论等元素可能的忽略,我们将"公众"简单地等同于抽象的"人民"或单维度的"大众"的倾向。这些认知和话语偏向,在学术上妨害了我们的理论思考,令我们的舆论和政治传播的研究领域无法走出"统计的合计"模式,并因此而无法有效地在理论上聚焦传播或交往的过程;在公共生活领域,上述认知和话语偏向也会导致我们无意间正当化不经充分讨论的多数人意见,甚至正当化某些对何为多数人意见的简单宣称,并轻视我们应当展开的相互尊重、相互关照、相互融合式的讨论。也许,这本书可以和另外两本小书结合起来,构成公民素养培育的核心读物:一本是美国政治学家詹姆斯·费什金(James Fishkin)于 2011 年出版的著作,题为《当人民发声:商议民主和公共咨询》(*When the People Speak: Deliberative Democracy and Public Consultation*, Oxford University Press);另一本是华裔学者徐贲教授的散文集《明亮的对话》(中信出版社 2014 年版)。

　　至少,阅读这部书会增添一些我们较少有机会接触到的美国历史和政治知识。也有可能的情形是,这本书会强化一些人对美国民主政治的不信任甚至不屑,因为貌似赫布斯特呈现给我们的是一个所谓"民意制造"的历史过程。这样的解读,当然有一定的合理性,但却极可能是一叶障目。如此聚焦民意或舆论测量技术的历史,如赫布斯特所引用的美国政治学家詹姆士·布莱斯(James Bryce)和法国社会学家托克维尔所分析的,正体现了将公民主权作为政治正当性的唯一基础这项原则,也是将这项原则在政治生活中操作化的体现。当然,如赫布斯特呈现的,这也是政党和政客们试图将"民意"作为"因变量"予以影响或操纵的一种表现。但即便是后者,这当中也意味着存在某种不得逾越的底线:关于民意的宣称,必须有经验的基础,而不能是无中生有的宣称。这个政治哲学的信念以及由此产生的政治运作逻辑,体现在赫布斯特对各种测量"民意"的技术"创新"这一历史叙事当中,值得细细揣摩。其实,创立并采用某种形式的社会测量(民意调查是其中之一),关涉一个社会秩序和权力结构的基本问题:什么构成作为其基础的事实性知识?谁被赋予权力并遵循何种程序设立这样的知识?阅读赫布斯特这本书,有助于我们思考这个问题,尤其是我们还可以结合着阅读美国社会学家奥蒂斯·达德利·邓肯(Otis Dudley Duncan)1984 年的著作——《社会测量的历史和批判笔记》(*Notes on Social Measurement*:*Historical and Critical*,Russell Sage Foundation)。

潘忠党
美国威斯康星大学—麦迪逊传播艺术系教授
2016 年 9 月 30 日于麦迪逊

英文版序

　　本书最初的意图是考察政治权威的传播。我原是一名政治学专业的学生,后来成为大众传播学者,因此,我对个人和机构通过话语赢得影响的方式变得越来越有兴趣。在考虑针对这个题目的经验研究时,美国政治中最著名、最权威的表达之一——公众舆论吸引了我的注意。在一个类似美国这样的大众民主社会里,"民众之声"在领导人和公民中间,同样博得广泛的尊敬,因而公众偏好的表达与评估方式对研究权力的学者们来说尤为有趣。

　　随着抽样调查在 20 世纪 30 年代的发展,公众舆论成为学术界内外流行的、令人兴奋的研究焦点。从早年以来,研究者们就完善了从人口中抽取随机样本的技术,将访谈实践标准化,并开始使用电脑以求得高效的数据分析。在那个年代,学术机构、市场研究供应商、政治顾问、专业的民调人员和其他人士使用调查研究方法去探究美国公众的态度,比如,在标准的总统竞选过程中,晚间新闻、重要报纸版面不间断地参考民意调查。连续几个月,政治家、公民、记者密切追踪民意调查,但对调查结果权威性的指责也纷至沓来。尽管存在习惯性的抱怨,但民意调查在美国政治过程中已经稳居其位,很少有候选人在竞选公职、表达对时下议题的观点,或改变竞选策略时不问计于民意调查。

　　本书并非要分析公众态度自身,而是要探究公众舆论的历史与含义。尽管问卷调查现在已经司空见惯,但我们很少反思调查所提供的数据的性质,调查如何获取权威,或为何调查在公共话语中承担如此重要的角色。在本书中,我试图处理这些问题,同时也探讨公众舆论表达和测量随着时间而不断变化的特征。由于公众舆论现象非常复杂,我综合运用了社会学、政治科学、哲学、传播学中的理论和概念;通过对公众舆论史的跨学科研究,我希望证明,对公众情绪的研究,并不仅仅是调查研究者的势力范围。

本书前面两章为讨论美国政治中的民意调查提供理论基础,对政治历史比对社会理论更感兴趣的读者可以跳过这些章节,从第3章的公众舆论表达和测量的编年史开始。

我在南加利福尼亚大学安纳伯格传播学院(Annenberg School for Communications at the University of South California)时就开始公众舆论的研究与写作。尽管从那时开始,计划的目标和性质已经发生实质性的改变,但南加州大学的几位人士帮我理清了思路。我尤其感激伊莱休·卡茨(Elihu Katz)和鲍勃·梅多(Bob Meadow),他们鼓励我追踪公众舆论的理论和历史问题。彼得·克拉克(Perter Clarke)和苏珊·埃文斯(Susan Evans)向我展示了如何创造性地思考研究设计,并给了我巨大的智识与情绪支持。

在研究期间,数十位前美国议员和记者耐心地回应我关于20世纪三四十年代公众舆论表达的问题,没有他们的帮助,关于这个时期的写作将完全不可能。

在西北大学时,我从许多同事、学生和朋友的建议与批评中获益良多。在我写作关于当代民意调查的时候,彼得·米勒(Peter Miller)给了我富有价值的建议;丹·默克尔(Dan Merkle)和莎拉·马萨(Sarah Maza)提供了许多有用的引用资料;1990年夏季,彼得·卡西·高尔文(Peter Kathy Galvin)和大卫·扎雷夫斯基(David Zarefsky)帮助我获得了非常急需的研究资助;史黛丝·苏亚特(Stacey Suyat)帮助我从19世纪的报纸中收集资料。我还要感谢帕特·麦克戈拉斯(Pat McGrath),他帮我录入了参考书目。

本系列丛书的主编本·佩奇对本计划非常热心,欣赏它的跨学科风格。他和芝加哥大学出版社的约翰·特瑞尼斯基(John Tryneski)

给了我合理的建议,改进了本书的结构与论证。丹·哈林(Dan Hallin)对原稿的批评对我的修改也非常有帮助。赛琳娜·富勒·克鲁格(Salena Fuller Krug)编辑定稿。

吉姆·贝尼格(Jim Beniger)和我无数次在午餐时和在电话上讨论公众舆论,他对社会理论的迷恋富有感染性,召唤我去做历史性研究。对于他一直以来在学术上的帮助与情谊,我很是感激。

我深感亏欠我的父母,为他们在艰难时期的鼓励和引导深表谢意。最后,我把本书献给我的丈夫——道格·休斯(Doug Huges),感谢他建设性的批评与爱的支持。

以下出版商慨允使用第 1 章、第 5 章的资料,这些资料最初刊印于以下杂志:"Classical Democarcy, Polls and Public Opinion: Theoretical Frameworks for Studying the Public Sentiment," *Communication Theory* 1, No. 3 (August, 1991), reprinted by permission of Guilford Publications; and "Public Opinion Measurement Strategies in the 1930s and 1940s: Retrospective View of Journalist," *Journalism Quarterly* 67, No. 4 (Winter, 1990), reproduced with permission of the Association for Education in Journalism and Mass Communication。

图 3.3 系复制于 Heinrich Eduard Jacob, Coffee: The Epic of a Commodity, Copyoight 1934 by Ernst Rowohlt Verlag,英语版 Copyright 1935 by The Viking Press。使用获得美国企鹅出版集团(Penguin Books USA Inc.)下属维京企鹅(Viking Penguin)公司允许。

目　录

导　语 /001

第一章　定量与理性 /006

第二章　数字与符号政治 /029

第三章　舆论表达与统计方法 /044

第四章　党派政治与模拟调查的符号运用(1856—1936) /071

第五章　国会议员、记者与意见评估(1930—1950) /093

第六章　当代公众舆论研究 /116

第七章　群众估算与公众舆论 /136

第八章　意见量化与民主 /155

参考文献 /181

译后记 /195

导　语

　　美国在信任、承认公众舆论并发挥公众舆论的作用上，体现出比其他国家更多的胆量与魄力。在美国，公众舆论引人注目，甚于总统、州长，胜过国会、州立法机构，高于全国代表大会以及巨大的政党机器；公众舆论作为权力的最大来源，主宰着为之战栗的人民的服务者。

——詹姆斯·布赖斯：《美利坚合众国》，1891

　　（美国人）将商人的习惯带进了政界。他们喜欢秩序井然，没有秩序，事业就不能发达。他们特别重视遵守信誉，信誉是生意兴隆的基础。他们宁愿凭常识去慢慢创造巨富，而不愿凭天才冒危险去发大财。按常规办事的思想使他们的头脑保持警惕，不做不切合实际的打算。他们重视实践甚于重视理论。

——托克维尔：《论美国的民主》，1850

　　从共和国最初的岁月开始，美国人就将公众舆论的表达和计算这两种看似不相关的进程看得颇为珍贵。布赖斯(James Bryce)、托克维尔(Alexis de Tocqueville)都曾对这两种美国文化的组成部分给予评价，但是他们都没能预测出20世纪末公众舆论的表达与量化这两者相互联系的方式。比如，现代民意调查或"抽样调查"已经成为政治必不可少的组成部分：那些竞争政治职位的人、那些报道选战的记者以及必须要在野心家们中间进行抉择的选民，都密切关注那些声称描摹公众舆论的数字。

　　然而，问卷调查并不是政治领域中量化现象的唯一实例。评估政治集会的人群规模、预测选举结果或选民反馈、预测"模拟民调"结果、预测政治随身用具（比如，徽章、T 恤、保险杠的贴纸）的销售数据，还有其他诸如此类的预估都显示了美国公共生活中两类主导性意识形态的力量——科学与民主——彼此之间的相互交织。表达和测量公众舆论的量化技巧之所以引人注目，是因为这种技巧的"客观性"与貌似确定性的性质，及这种技巧所具有的阐释许多人各自观点的能力。因为数字化的数据资料往往传播出权威性——理论上，数据提供了普通民众信念的真实写照，政治领导人、民调工作者、记者、利益集团以及公众成员逐渐被这种预测公众舆论的方法所吸引。尽管学术界和特殊场合的记者质疑定量的公众舆论数据的有效性，但他们很少质疑这些数据在政治话语中承载的重要分量。

本书描述分析了定量在美国政治中的崛起，然而，其中特别有意思的是对公众舆论的测量和表达。一个基本的问题为这项研究注入了活力：数字如何用来说明公众情绪？为何定量话语在美国受到如此广泛的重视？既然政治量化的崛起研究并不属于任何一门理论学科，这个问题只能通过多重学科、多重视角来解答，因而本书采用了源自社会科学以及哲学、历史学的分析工具。

数字如何得以在政治中承担如此重要的角色这一问题是我调查研究的起点，但本书的写作围绕两个中心主题加以展开：第一个主题涉及民主和理性之间的联系。每一章节都明确或含蓄地阐述了这两个关键元素在美国公共生活中的联系。问卷调查，还有其他类似的对美国人情绪的量化描述无处不在，这是因为它们在意识形态上似乎毫无偏见，并且它们都旨在传播民意。

第二个主题涉及人们对数字的运用。大众意见的定量描述服务于两种区别而又错综复杂的功能：进行量化是为了使以最有效率的方式采取行动成为可能，也是为了在公开辩论中传播权威性。数字用来达成直接的，有时是特别私人性的使命，但也因其符号性力量而被广泛应用。有时，我们计算意见是为了获知公众偏好，但在其他场合，人们运用此类数字是为了传播人气或正当性。本书阐释了数字这两种贯穿美国政治历史的孪生功能——工具性与符号性之间的关系。

除去这些主题外，还有一系列取自几个学术领域的概念会被用来阐释定量在政治历史中所扮演的角色。其中一个概念是合理性或理性,哲学家们首先用到了理性这个词,后来社会理论家们也开始使用它。对理性这一说法的各种概念化过程,如从韦伯的宿命论版本到福柯更加复杂的版本,都有助于解释统计学在政治领域中的兴盛。另外两个对此项研究比较关键的概念是权力、社会控制。这两者都是对人类行为感兴趣的社会理论家、社会科学家经典的关注对象,它们在政治行为与表达研究中也极为有用。

我应当强调的是,本书是关于行为、表达以及两者之间关系的研究。学者们太过频繁地分析其中一种或者另一种现象,而回避行为与话语彼此依赖这一事实。正如许多当代哲学家和修辞学家所论证的,表达是一种行为类型。忽视话语,对社会和政治生活的理解就不会全面。本书聚焦于人们在政治领域中的行为方式,同样也集中考察人们思考并且议论他们自身行为的方式。

尽管政治领域中的许多(概念)已经量化了,或者至少可以进行量化处理,但要对这个话题展开探索,最显而易见的领域就是从公众舆论开始。公众舆论是本书的重点,因为它毫无疑问处在民主过程的核心位置,也因为量化民意在美国的历史中贯穿始终、随处可见。当代的记者、政治家、利益集团领导人以及公众经常大声抱怨民调太过泛滥,抱怨民调在公共论坛中获得的诸多关注,但其实公众舆论量化的现象早就有了,我们只是最近才关注它。故此,本书的目标之一就是将目前对意见量化的讨论放在其适宜的历史语境中。

本书分为八个章节。前两个章节大体上是理论性的,主要介绍在随后章节中将要用到的概念和框架体系。第一章简要追溯了定量的历史,之后又介绍了两位理论家的观点——马克斯·韦伯和米歇尔·福柯——这么做是为了找出量化的历史趋向。第一章突显数字的工具式运用,将量化作为理性化的一个案例。第二章聚焦于数字的符号式运用,汲取了来自社会学、人类学、政治科学以及哲学的理论;尤为有趣的是,数字的使用方式成为更大范围内政治仪式进程中的一部分。第一、二章共同为分析美国政治历史中公众舆论表达的本质提供了必要的工具。

第一、二章涉及数字的工具式、符号式运用,第三章则专门集中于公众舆论的研究。该章将重点放在了公众舆论的历史上——表达公众舆论的方法、测量公众舆论的技巧以及公众舆论不断变化的定义。这种对技巧的历史概览——从18世纪法国巴黎的沙龙,到今天的民意调查——见证了意见测量如何与人们所认知的公众舆论的含义一起演进。倘若不了解这些年来的技巧过程,人们便无法理解公众舆论的表达或评估的现代方法,不管是定量的还是定性的。第三章主要讨论了一个在民主理论中比较棘手的界定问题,即公众舆论的含义问题。我坚持认为,公众舆论的含义不仅随着历史环境不断变化,同样也随着传播意见的新技巧的发展而变化。

第四、五章对公众舆论的量化进行了经验研究,考察了公众情绪、各种不同的测量和表达实践、数字的工具式与符号式运用等几个关键的发展阶段。第四章探究现代民意调查的先驱、模拟调查的历史。模拟调查被用于1824—1936年间的总统选举。1936年,《文学文摘》(Literary Digest)错误地预测阿尔夫·兰登(Alf Landon)将会在总统选举中击败富兰克林·罗斯福。选举期间,党报记者与政治家们通常会使用模拟调查来使对方候选人、对方政党失去合法性,夸大己方胜出的概率。

第五章紧接着第四章的时间顺序,对1936年之后的公众舆论量化的情形进行了研究。本章介绍了对20世纪三四十年代任职的美国国会议员与著名记者的一项研究。这两个群体都需要理解公众舆论的状况,但是,当很少有人相信新出现的民意调查时,他们如何评估这一时段内的大众情绪?第五章考察了不同种类的研究技术,既有定量的,也有定性的,议员和记者们采用这些技术以便掌握他们的选民和读者的意见。

第六章致力于对当代民调和调查研究进行简单讨论。从早期的意见研究开始,不同的相关方——利益集团、广播媒体、政治顾问、全国政党组织以及其他人——已经对购买、收集公众舆论的有关数据表现出越来越浓厚的兴趣。这些相关方对民调的专注度是整个第六章的重点,该章还对当前调查研究方法的新近发展进行了回顾。尽管该章讨论的所有议题早就受到公众舆论研究者的高度关注,但这一部分完善了从第三章就开始的公众舆论研究年表。

第七章主要讨论另一种类型的意见量化——政治集会中人群规

模的评估,此类评估一直是美国政治话语的一部分,却在相当程度上被研究公众舆论的历史学家们所忽视。围绕着人群规模所发生的争论,为深入探究美国意见量化的性质提供了丰富的空间。计算集会人数的相关方、其代理人的性质以及此类实践不断变化的特点都将在本章得到分析。

最后一章讨论了持续量化带给美国公众舆论表达的可能后果。计算意见和群体这一做法是否会推进民主化进程?抑或妨碍了生动的讨论和政治参与?用数字描述公众舆论是否有助于澄清公共论坛中人们所关心的议题?或者这些数据是否会使得我们对党派和领导人的动机与立场更加困惑?

不可否认,定量与计算改善了我们生活中的方方面面:我们为彼此的传播建立起了一个精巧复杂的、技术性的基础结构;为人类的各种疾病研发了各种治疗方法;掌握了许多我们置身其中的自然环境的海量信息。量化的测量工具同样对那些社会学家极其有用,他们努力探寻更为严谨地理解人类行为的方法。但是,量化是否提升了美国政治辩论和政治话语的质量这个问题引起了一系列独特而又错综复杂的问题,一些问题涉及数字本身——数字是如何获取的,又由谁来监管这些数字的传播——但最终,这些政治领域中的数字问题恰恰是美国民主自身的性质与未来的问题。

第一章　定量与理性

　　以计量表格的方式呈现政治观点这种做法始于古希腊时期的城邦国家,在这里,选举被视为民主过程中的核心组成部分。[1]然而,直到18、19世纪,定量才成为西方政治话语中富有意义的要素。从18世纪开始,政治家们意识到,数字可以帮助他们评估大众的需求与意见、帮助他们预测未来,但如果要理解数字在政治生活中所扮演的角色,就必须从更宽广的语境中的定量历史开始。

　　本章追溯了社会与政治生活中定量的上升轨迹,并将这一段历史作为日趋理性化的个案。在政治话语以及其他领域中使用数字,反映出我们生活中工具理性所拥有的权威性:定量现象似乎是能达到许多目标的最有效率的方式。这一章的主要目的是将定量放在一个适宜的历史语境中,同样也是为了集中一套有用的理论"工具"。当我开始聚焦于美国政治中的定量话语时,这些理论工具将在接下来的章节中成为我研究中的关键部分。

　　定量与统计学的崛起对于我们的研究目的而言至关重要,因为它们的兴起贯穿于19世纪和20世纪的政治传播研究。概述这段历史之后,本书引用了马克斯·韦伯的社会学理论,他全面描述了计算与理性在社会中所担当的角色。韦伯的著作阐明了日益增加的量化如何成为更宽广的语境中的历史趋势的一部分,这一趋势正走向知识与结构的系统化。

　　本章最后一部分将重点放于米歇尔·福柯的著作。福柯同韦伯一样,对理性化所具有的多种功能抱有很大兴趣。尽管韦伯与福柯在工具的思维与惯例化上持有相同的见解,但他们侧重于不同的分析层面:韦伯对组织与制度中的人类行为研究感兴趣,而福柯倾向于将话语中的理性角色进行理论化解读;福柯拓展了韦伯的理论,承认了理性化的重要性并且论证了权力与知识的概念如何推进了工具理性的研究。在考量一些理论家的主要见解之后,本书将这些思想运用到公众舆论的表达与测量历史之中并最终得出结论。

统计的兴起

定量的历史很长,许多学者将西欧与美国在算术与统计学方面的发展历程谨慎地记录下来。[2]其中的历史细节显然超过了本书的涵盖范围,但对这些资料进行简要回顾,仍能够为我们随后讨论政治中的数字提供背景;接着概述量化的发展历史,重点关注在统计思维兴起的过程中所出现的几个重要里程碑。[3]

鉴于计数给生活带来的诸多益处,我们可以很容易理解量化在过去得到推崇的原因。计数需要保持测量的一致性,而一致性通常就意味着效率。帕特丽夏·克莱因·科恩(Patricia Cline Cohen)曾经论述说,美国殖民者们将数据看得非常重要,是因为这些数字能够提供形形色色的比较。通过计数,人们可以比较不同区域间的距离、各种商品的重量、不同地区的气候。[4]许多不同形式的定量似乎让这个世界变得不那么杂乱无章。通过计算某个特定季节人们购买商品的数量、潮流模式以及人口死亡率,人们能够制造出一种生活环境井然有序的景象。

数据的收集本应更早就开始,不过基于种种原因,直到17世纪这一实践方才受到人们的关注。一个例子是在大英帝国,各路人士将人口数量——伦敦的人口出生率和死亡率统计制成表格。作为一位学者、托马斯·霍布斯曾经的学生,威廉·佩蒂(William Petty)论证说,政府政策可以通过运用数字来告知给社会群体。他创造了一个新词"政治算术"(political arithmetic),并呼吁使用统计的方式来了解英国社会生活的本质。[5]同样在这些年里,有关法国的社会数据的收集并不是由一些学者或者好奇的政治观察家完成的,而主要由当时的王室来负责操办,王室也没有将人口调查的结果公之于众。[6]

收集社会资料似乎应该在更早之前就开始了,然而迟至17世纪才开始盛行有几点原因。很多历史学家相信,保险业的发展、国际贸易的扩张以及1665年大瘟疫期间人们对死亡人数的普遍忧虑等原因致使社会统计学在欧洲地区获得更多重视[7]。

约翰·辛克莱(John Sinclair)是将政治算术实践做到最透彻的人。从1791年开始,他花了8年时间写出了一部共有21卷的书,名叫《苏格兰统计账目》(The Statistical Account of Scotland)。辛克莱请苏格兰牧师报告大量项目,从教民的人数、职业到他们所在教区中常见的疾病种类。同样也问及一些观点上的问题,比如"(在教区内)人们是否喜欢军旅生活?""人们是否会做出一些有人情味的行为:是否会保护和救援失事船只?"辛克莱深信:统计学是一项深入国家状况的探究,目的在于确定居民的幸福因子以及改善未来生活的方法[8](参见图1.1)。

随后的几年中,辛克莱的研究成果成为衡量政治精英们政绩的模板,这些精英寻求以定量方式来改善国家的现状。正如西奥多·波特(Theodore Porter)所指出的,19世纪的"统计学家"就是一些将计算与激进社会改革相结合的自由主义人士;这些人觉得,稳定的出生率、死亡率、结婚率颇具说服力,因为它们所具有的规律性可以让人类行为变得更容易理解和预测。[9] 19世纪中叶,一位名叫阿道夫·凯特勒(Adolphe Quetelet)的比利时人将"大数法则"运用到社会学研究中,以便找出人类活动的规律性模式。他的目的之一就是效仿自然科学的精确性与权威性。正如波特所注意到的,凯特勒对"社会物理学"的观点相当具有影响力,他奉劝科学家们要想理解社会现象,就要将重点放在研究统计的整体数据上,而不是研究个体的行为。[10]

尽管19世纪中叶之后在大不列颠进行的社会研究数量有所下降[11],社会科学却开始在美国崭露头角,大量有志于政治学、经济学以及社会行为的美国学者前往欧洲接受良好的科学培训,并在回到美国后建立研究计划。正是在19世纪末,威廉·格雷厄姆·萨姆纳(William Graham Sumner)和莱斯特·弗兰克·沃德(Lester Frank Ward)一起建立了社会学,将实证主义作为这门学科的基础。[12]事实上,定量资料是建立社会学的关键,如同多萝西·罗丝(Dorothy Ross)在其社会学史中指出的,"工具实证主义规定:集合行为的统计研究自身将界定社会研究的领域"[13]。

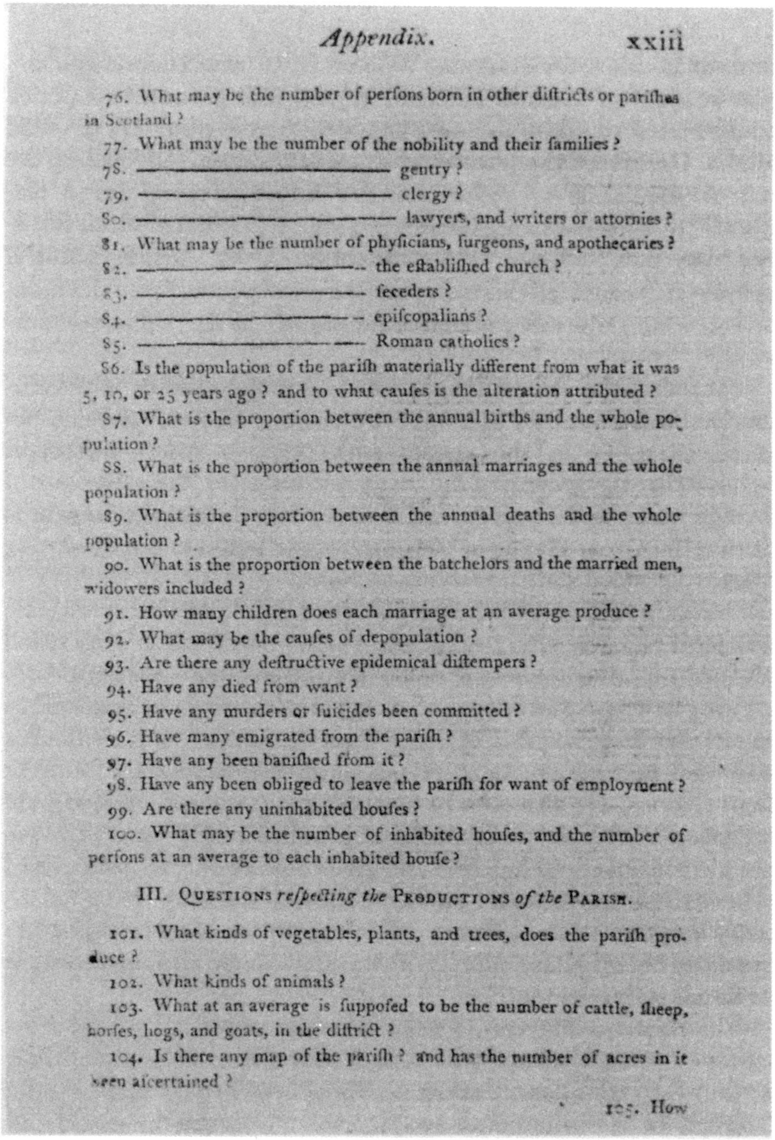

Appendix. xxiii

76. What may be the number of perſons born in other diſtricts or pariſhes in Scotland?

77. What may be the number of the nobility and their families?

78. ———————— gentry?

79. ———————— clergy?

80. ———————— lawyers, and writers or attornies?

81. What may be the number of phyſicians, ſurgeons, and apothecaries?

82. ———————— the eſtabliſhed church?

83. ———————— ſeceders?

84. ———————— epiſcopalians?

85. ———————— Roman catholics?

86. Is the population of the pariſh materially different from what it was 5, 10, or 25 years ago? and to what cauſes is the alteration attributed?

87. What is the proportion between the annual births and the whole population?

88. What is the proportion between the annual marriages and the whole population?

89. What is the proportion between the annual deaths and the whole population?

90. What is the proportion between the batchelors and the married men, widowers included?

91. How many children does each marriage at an average produce?

92. What may be the cauſes of depopulation?

93. Are there any deſtructive epidemical diſtempers?

94. Have any died from want?

95. Have any murders or ſuicides been committed?

96. Have many emigrated from the pariſh?

97. Have any been baniſhed from it?

98. Have any been obliged to leave the pariſh for want of employment?

99. Are there any uninhabited houſes?

100. What may be the number of inhabited houſes, and the number of perſons at an average to each inhabited houſe?

III. QUESTIONS *reſpecting the* PRODUCTIONS *of the* PARISH.

101. What kinds of vegetables, plants, and trees, does the pariſh produce?

102. What kinds of animals?

103. What at an average is ſuppoſed to be the number of cattle, ſheep, horſes, hogs, and goats, in the diſtrict?

104. Is there any map of the pariſh? and has the number of acres in it been aſcertained?

105. How

图 1.1 约翰·辛克莱所著《苏格兰统计账目》中的一页。这本书于 1798 年出版，这份寄给所有牧师的调查问卷总共包含了 160 个问题。

政治意见量化在美国

官僚、学者以及政治家计算人口与财产已长达数个世纪,却很晚才开始统计人们的意见。早期的模拟调查首次出现于19世纪20年代,整个19世纪记录出席政治集会人数的做法也呈加速度发展。这两种定量形式很大程度上被政治历史学家所忽视,本书后面的章节将会再次涉及。另一种意见定量形式得到更多的学术关注,这就是抽样调查或者说是现代民意调查。[14]

珍·康弗斯(Jean Converse)在她的调查研究史中提出,出现于20世纪30年代的首批现代民意调查有三种原型:英国社会现状研究、早期关于态度的心理学研究、营销研究。尽管在"大萧条"、二战期间进行过民意调查,但直至战后,美国大学才建立起调查研究中心。康弗斯描述了早期研究者们遇到的各种困境:他们缺少进行重大调查活动的资金,还要在充满疑虑的大学共同体中寻求学科的正当性。然而在过去几十年里,调查研究方法作为了解社会、政治、经济行为的工具已经广为接受。在最近20年里,研究者们已经开发出了更为复杂的抽样方法,有效运用计算机来提取具有代表性的人口样本,并且越来越重视问卷设计。

定量调查,无论是科学的还是非科学的,现在都成为公众话语中一个富有说服力的要素:我们常常会在报纸或者新闻周刊上看到民调结果,而同样的数据也会出现在晚间新闻中。比如,艾伯特·戈兰(Albert Gollin)指出:很多组织会进行民调,其中,《纽约时报》/CBS新闻团队在1975—1986年间共进行了312次民调[15]。上百家新闻媒体会发布来自盖洛普、罗普(Roper)以及哈里斯(Harris)民调的结果,许多大报本身就具备调查研究的能力。除了媒体机构和学术研究中心开展数量庞大的民调之外,美国政府也会进行大量的调查,并且使用许许多多的调查研究数据。[16]

民意调查在政治领域中只是意见量化的一种形态,但却是一种关键形态。本书自始至终都回归到民意调查这个现象上来,因为在当代美国政治领域,民调就是一种数字式的公众表达的主要形态。但目前,还是有必要先探讨一下日益走向量化这一趋势的哲学根基。

数字与理性

尽管历史学家们详细记录了定量与统计学的兴起,社会学家仍将这一过程视为走向工具思维这种大趋势的证明。计算人口、评估出生率以及系统地评估民众的生活条件都表明了一种意愿:将观察过程常规化。随着时间的不断推进,一些学者认为,社会行为逐步走向系统化或者说是"理性化"[17]。个体与组织为了完成目标,创造出越来越多的标准化运作程序,因为这些程序被认为可以完成一定程度的控制:如果一个人为了完成一个任务而将一系列的实践常规化,他或她就会体验到对该任务的操控感。在这一部分,我探讨了德国社会学家马克斯·韦伯(1864—1920)的著作,他详尽地描述了理性化的历史进程。在简要阐述他的理论以及围绕这些理论展开的争论之后,我会仔细反思这些观点如何启发我们去研究政治量化。

从19世纪中叶到20世纪最初的几十年,德国社会学家与历史学家在发展史领域殊途同归。卡尔·兰普莱西特(Karl Lamprecht)、维尔纳·桑巴特(Werner Sombart)以及其他一些人试图揭示"法则"或者至少是线性发展的理论来描述西方政治与经济体系的发展。[18]韦伯同样遵循这一传统,将注重细节的经验主义研究同从其他德国社会理论家如康德、黑格尔和滕尼斯等人那里继承来的哲学见解相结合。[19]但是,正如莱因哈特·本迪克斯(Reinhard Bendix)所言,韦伯不仅对政治经济学感兴趣,还特别关心现代化对精神、伦理和自由带来的影响:

> (韦伯)无疑流露出他个人对理性与自由事业的深刻投入,这种投入引领他对论题的选择;他的研究无疑也显示出,西方世界的理性与自由正处于危机之中。韦伯与弗洛伊德是同时代的人。弗洛伊德在全面把握人类非理性的程度之后,将毕生精力都放在了维护人类的理性之上。同样地,韦伯在全面探究启蒙运动遗产的历史前提之后,也竭力维护这些伟大的遗产。[20]

韦伯的研究涉猎广泛。为搞清楚理性的发展过程,他分别研究了东西方的宗教、音乐、科层制、法律、党派政治、农业、经济学,还有社会行为的其他领域。韦伯最为知名的是他那本颇具争议的、有关西方资本主义根源的著作,这本书出版于1904年,书名为《新教伦理与资本主义精神》。他认为,目的取向的经济行为和精心计算的财富追求是从加尔文教的相关教义中发展而来。韦伯的论据太过复杂,无法在此一一概括,学术界对其观点的讨论也催生了大量著作[21],然而他这本书的中心主题——观念对人类行为的影响、工具理性所承担的角色——却是韦伯至死都论战不休的思想。这里我们关注的是工具理性的兴起,因为它为定量话语权威性的日益提升提供了一种解释。

几个关于理性的论证都包含在韦伯众多的案例研究中,这些论证在两个层面进行阐释:个体的微观层面和历史的宏观层面。个体独自或在一个大型组织与制度中工作,常常会采取工具式思维方式。韦伯将此类"方法—目的理性"称为"形式理性";在此类形式理性中,人们设立目的,并为实现目的寻找最有效率的方法。形式理性这一观点的核心是相关行为的可计算性:当人们致力于形式上合乎理性的思维时,他或她感兴趣的就是能完成具体任务的最有效的方法。任务的类型无关紧要,因为人们可以通过方法/目的的形式理性来安顿孩子们上学,也可以用这种形式理性来设计全国性的竞选活动。虽然韦伯没有明确地解释清楚他的这种理性理论[22],但有关这种理论的只言片语散落在了他最后未能完成的著作——《经济与社会》(*Economy and Sociey*)之中。该书的一个部分有关经济市场中的理性,韦伯根据可计算性来对形式理性进行界定:

> 供给满足需求,对任何合理的经济都很重要,如果供给达到可以并且实际上用数字的即"计算的"考虑来表示的程度,那么这样一种经济行为在形式上是合理的。首先,不管这些计算在技术上是什么样的,不管它们是作为货币的估价,或者作为实物的估计,这个概念是明确的,至少在这个意义上,即货币表现形式表现着这种形式上的可算性的最大限度。[23]

但是形式理性并不总是引导个体的认知过程。韦伯相信,形式理性与另一种被他称为"实质理性"的思维方式是辩证地对立的[24]。形式理性的行为要求进行严密的计算,实质理性的行为则着重于目标本身自有的价值,而不是将重点放在如何实现它们。当一个人以一种与自己心灵深处坚守的信念或者价值相一致的方法行事,那么他就是采用了"实质理性"的思维方式。个体或者组织所运用的实质理性的程度只有在终极目的或者价值明确的时候才能确定,恰如与它对立的形式理性一样。正如罗杰斯·布鲁贝克(Rogers Brubaker)所解释的那样:

> 从某个给定的信仰的角度来看,一种行为如果与这种信仰相一致,那么它就是合乎理性的,否则就是不合乎理性的。合乎理性与否的判断在这里就是对行为与信仰之间是否存在逻辑关系的判断。回到韦伯的例子中,相信上帝或者来世的存在,或者相信努力工作就会得到救赎的可能,从这些角度来看,以宗教的方式生活是合理的;但是从不信者的角度来看,也就是说,从一个不相信上帝和来世、不相信努力工作就会得到救赎可能性这个角度来看,这种生活就是不合理的。[25]

对于韦伯而言,两种类型的理性处于永恒的冲突之中。当一个人决定追逐一个目标并且通过计算好的模式实现目标的时候,他或她就站在一个明显不倾向于任何一种价值的立场上。这种价值中立的立场经常忽视类似平等、爱以及友谊之类的价值观点。《经济与社会》一书中有一段关于资本主义崛起的段落非常出名,韦伯写到了手足之情(实质理性)与利益驱动行为(形式理性)之间的冲突:

> 在实际中或在原则上,在银行贷款抵押持有者与从银行获得贷款的受押人之间不可能存在任何博爱的(心存善意的)调节关系,这种关系也不会存在于国债持有人与纳税人之间。任何博爱的调节作用也不会出现在股东与工厂工人、烟草进口商与海外种植工人这样的关系中,出现在企业家与那些矿工的关系里,矿工从地底下挖掘原料,原料又运用到企业家所拥有的工厂里。基于市场的协作关系,经济的日趋非人格化一直遵循它自身的准则规律,但是一旦涉及经济溃败或者最终市场崩溃,则不再遵循这些规律。[26]

注意到这一点很重要,即形式理性与实质理性是理想类型。创造出这两种构想,是为了理论建构的快速明确。有可能在经验研究过程中,有人会遇到一些似乎是(某种程度上)结合了两种类型的理性的行动与行为。

尽管个体层面的理性是韦伯关于社会行为思考的关键,他也证明了形式理性的思维与规划会随着时间的流逝而不断加速,并将这一历史性过程称为"理性化",个人会越来越被"方法—目的"思维与行为所吸引。理性化在重要性不断上升的技术娴熟度、精确度以及专业化中体现出来。塔尔科特·帕森斯(Talcott Parsons)在他给韦伯的《宗教社会学》的引言中写道:渐增的形式理性"构成思想的升华、专门化与系统化"。[27]换言之,形式理性日益编码到文化的思想与实践之中。

韦伯争辩说,在人类活动的所有领域中都能发现日益增加的理性化。当人们和组织意识到他们可以通过常规化的程序来获取重要目的时,这些程序就变得越来越具有吸引力。韦伯提供了在诸多不同领域中日益增加的理性化例证——法律[28]、社会规范[29]、性别[30]以及宗教[31],等等。对于韦伯而言,理性化是一个线性的、宏观的历史趋向,但又在人类奋斗的不同领域中以不同的速率行进着,比如,某些组织很快就将它们的运作程序系统化,而其他组织却要花更长的时间达到这一目的。甚至理性化在行进之时,这个"化"的过程也通常是非均衡的、步履蹒跚的,不会是一个平缓、渐进的过程。[32]

在讨论泰勒主义(或"科学管理")时,韦伯用了与马克思相同的论调来描述工厂作业中的理性化。他提出,科学管理要求工厂中的每一个工人调整他们的"身心器官"来适应他们工作时使用的机器:工人们必须加入到工作程序的要求中来,调整他们的思维与行为以符合流水线作业的节奏[33]。韦伯注意到,理性化将压抑个性——一种实质理性的目标,并以此结束了对经济组织中规训的讨论:

> 整个理性化的过程,无论是在工厂还是其他任何地方,尤其是科层制的国家机器中,就相当于将组织的物质工具集中到掌控者手中。这样,随着对政治与经济需求的满足被不断理性化,规训决然地掌控了更多领域。这一普遍现象越来越多地限制了领导魅力与个人差异化行为的重要性。[34]

理性化的后果

尽管韦伯欣赏理性化的积极方面,相信"方法—目的"思维能够帮助人们完成直接的目标,但他的愿景最终仍是凄凉的。他认为,大多数领域的理性化将最终导致异化。韦伯忧心日益增加的理性化会将精神、激情与自由视为可有可无或者微不足道。[35]他在1909年的一场辩论中说道:

> 想到某一天这个世界到处充斥着这些小人物就觉得非常可怕,小人物们执着于微不足道的工作,却还期许着更重要的工作……对科层制充满热情……这些足以使人绝望。仿佛在政治领域……我们刻意要成为那种除了需要"秩序"以外其他什么都不要的人;当秩序开始动摇的时候,这类人会变得紧张和懦弱;当他们完全脱离了秩序时,他们会变得孤独无助。想到这一点仍很可怕,那就是,这个世界只了解这些,而对人类一无所知。我们已经深陷于这种历史演进之中。因此,最重要的问题不是我们如何来推进或者加速这种演进,而是我们能够做什么才能对抗这种体制,让我们能够在内在个性分散之时,在对科层制的生活方式无比熟悉之中,保留一部分的人性自由。[36]

正如巴尔里·斯马特(Barry Smart)所言,"价值、正义、自由、美学以及良善这些领域超出了工具理性的界线"[37]。

韦伯无法找到逃离理性化这个"铁笼"的方法,这成了他知识体系上的一种巨大折磨。他考虑过一种可能性,即一位拥有超凡魅力的领导者能够通过强调类似自由与唯心论之类的价值观、通过挑战形式的理性结构来瓦解理性化的进程。然而最终,韦伯相信这些瓦解类型只能带来短暂的解脱。[38]

尽管韦伯并未在商业考量与经济计算的语境之外来描写量化,他对理性化的思考仍直接关联着西方统计思维的兴起。赫伯特·马尔库塞(Herbert Marcuse)注意到:"经验与知识的不断数学化"[39]是韦伯之工具理性著作的核心。对人口统计资料日益增加的兴趣、人类行为模式的定量与分类、人口普查的扩散以及以计量表格的方式呈现政治观点,这些都是理性化的例证。采用韦伯式的视角来审视这些现象将会引发一系列非常有价值的问题,例如,如果我们以理性化的视角来审视定量历史,那么我们不得不关注其目的性:同样是由个体所组成的群体,为何某些群体研究量化技巧,而其他群体却没有?能够计算哪些类型的行动?为什么计算经常被视为实现特定目标之最有效的方式?

虽然超出了目的性的范围,但韦伯对形式理性与实质理性之间无法避免的权衡妥协突出了被定量所替代的社会行为形态。对现象的数字描述、统计分析能够完成某种类型的目标,却忽略了其他目标的实现。本书后面的章节将会回到这个主题上来,因为政治传播的量化形式取代了其他类型的行为与话语。比方说,当报纸记者运用样本调查来描述某一问题的公众舆论时,他们就不太可能深度采访一些有见识的公众和政治活跃分子;也有人可能会争论说,那些消息灵通、对某些独特的问题富有热情的政治活跃分子要比那些在普通的意见调查样本里的匿名公众能够提供更多有价值的"数据"。韦伯对社会行为的研究方法生动地表明了日趋惯例化的潜在影响。量化带来的益处是显著的,也是即时的,因为计算和统计研究提供了人们可以用来参照行事的数据,然而,假如没有韦伯的著作所提供的分析工具,我们就不太可能将重点放在形式理性的有害或"祛魅"的效果上。

韦伯对理性化及理性化的效应所进行的理论化研究影响了一代又一代的哲学家和社会评论家。几位法兰克福学派的成员,同时也是一群德国新马克思主义理论家,都沿用韦伯式的理性化观念来传达他们对西方政治、经济、文化的理解。[40]马克斯·霍克海默(Max Horkheimer)、迪奥多·阿多诺(Theodor Adorno)、赫伯特·马尔库塞(Herbert Marcuse)以及尤尔根·哈贝马斯(Jürgen Habermas)都探索了工具理性被编织进入公司资本主义网络的方式。虽然他们普遍不赞同韦伯对社会主义的批判[41],但形式理性与实质理性之间的冲突是他们著作的关键要素。在这一段写于1949年的文章段落中,马尔库塞认为工具理性与资本主义一起塑造了人们的行为与思想:

> 一个打算坐汽车去远方的旅行者从高速公路地图上选择行走路线,小镇、湖泊以及山脉是他需要跨越的障碍。乡村被高速

公路划割成形,许许多多的标志和海报告诉旅行者该做什么、该想什么,甚至要求他去注意哪些自然美景或者历史性地标。其他人已经为他进行了思考,这样的做法也许是为了他好……巨型广告牌告诉他什么时候要停下来休息。所有这些确实是为了他的利益、安全与舒适着想,他也得到了想要的东西。商业、技术、人类需求以及自然都被整合进了合理、便利的机制中。听从这些指导,他将一切顺利;他的自然天性也让渡给了为他安排好一切的匿名智慧。[42]

法兰克福学派的理论家们是最早援引韦伯洞见的那批人,不过还有很多其他当代学者也同样采用了韦伯的理性化观念。法国社会理论家米歇尔·福柯(1926—1984)就是其中一位,他把理性化作为重要内容纳入社会实践的历史探索之中。尽管直到其职业生涯的晚期,福柯才承认韦伯的观点带给他的影响,但他们两者的理论见解有太多的相似之处。福柯将韦伯的观点作为出发点,认同了理性化的重要性,但在此基础上他对知识、话语和权力又加入了自己的见解。我们简要回顾福柯的权力理论,以说明韦伯与福柯之间的联系。初步分析后,我们将再次引入韦伯的理论,并讨论两种理论对理解政治量化的意义。

理性、话语和权力

米歇尔·福柯对疯癫、犯罪、性以及其他现象的创造性历史研究使他成为学术界最具影响力、最富争议的社会理论家之一。他借鉴了许多学科中的概念、见解以及方法,开创出西方在文化与社会生活方面独特又惊人的景象。在整个职业生涯中,福柯刻意回避系统化的理论建构,而是质疑其他学者的基本假设。那些试图发掘福柯著作中宏大理论的人将会感到失望,因为福柯的观点不仅随着时间的推移不断演化,还经常彼此矛盾。

福柯所建立的理论中有一个领域对政治、经济学者而言十分有用,即他对权力的概念化。尽管福柯从未提出过正式的权力理论,但他质疑权力在社会理论中的传统意义,并花费大量的精力希冀重新界定它的内涵。不同于此前将权力看作是由国家或者社会阶层所掌控的一种商品的理论学家和哲学家,福柯相信权力是一系列实践;最主要的,权力是一种策略,一种被行使而不是被占有的策略[44]。在对权力解释得最为清晰的一篇文章中,他写道:

> 关于权力,我并不是把"权力"意指为确保公民们被束缚在现有国家的一套制度或机构……对我而言,权力首先应被认为是多种多样的力量关系,内在于它们运作的领域中,构成了它们的组织;它们之间永无止境的相互斗争和冲撞改变了它们、增强了它们、颠覆了它们。[45]

福柯认为,权力存在于行为与话语技巧之间,在任何统治的条件下都能发现。比如,在《规训与惩罚》(*Discipline and Punish*)中,福柯通过关注惩罚技术——主要是折磨、监禁以及监视等来追溯惩罚不断变迁的内在本质。正是通过此类实践研究,人们才能识别出是谁在统治、谁服从于统治以及这种关系是如何演化的。福柯论辩说,权力学者需要评估共同行动的个体或机构相互之间的内在本质和关系内容。[46]

如果把权力看作是一种策略或者过程,人们必须理解权力得以出现的特定历史语境。这也是福柯将其精力放在权力的局部表现上,而不是建立一套可通行于许多时期或运用于各种现象的通用权力理论的原因。福柯声称,研究者们不应只关注国家和国家如何对公众行使权力,还应该研究权力在局部系统内的实践。他认为人们必须从"下面"对权力进行评估:

> 人们必须认为,在生产设备、家庭、纪律组织、机构之中形成并发挥作用的力量的多样关系,成为社会对立的基础,不仅影响范围广泛,而且贯穿于整个社会。它们形成了一条贯穿和联结各个局部冲突的一般力量轨迹。当然,它们反过来又会重新分配、排列、同化、整理和整合这一系列的力量关系。[47]

福柯主张,权力的行使与其他两个过程密切相关——知识的生产、观察技术的创造。权力与知识生产、权力与观察技术,这些联系对他的经验研究很关键,每一类联系都对研究政治行为与话语的学者大有裨益。

不同于那些相信有权势的个体与组织划定了正统知识范围的理论家,福柯认为知识与权力是同时被生产出来的:它们"在循环的过程中彼此巩固"[48];在任何既定社会中被视为"真理"的事物是与社会结构的转型一同出现的。对福柯而言,权力与知识密切相关,虽然这两者出现于同样的历史时刻,但这两者间并没有清晰的因果关系:

> 我们应该摒弃整个传统,这种传统让我们臆想知识只会在禁令、需求与利益之外产生;也许我们还应该摒弃这样的信念,即权力会让人疯狂,放弃权力同样也是获得知识的条件之一。相反,我们应当承认:权力生产了知识……如果无法建构相互关联的知识领域,就不会有权力关系;也不会有任何知识,不以力量关系为前提,同时又不构成力量关系。[49]

沿着这些脉络,福柯写了大量关于人类与医学科学(比如精神病学或犯罪学)可以证明知识与权力之间彼此依赖的方法。随着这些学科的日益发展,人们能提炼出观察、测量与分类的工具,尽管它们并不像我们通常理解的那样寻求"真理"。这些学科技术与知识体系是为了社会控制的目的而被创造出来,而技术与知识的发展又增强了社会控制[50]。在《疯癫与文明》(*Madness and Civilization*)中,福柯认为医生没有试图去理解疯癫,只是学会了如何掌握与控制疯癫。用韦伯的术语来说,人类科学的发展是理性化过程中非理性的一个例证:方法论被常规化了,但科学家们的目标却并不听从实质理性的召唤。

权力与知识在话语内容中集合得最为清晰。在回忆米哈伊尔·巴赫金(Mikhail Bakhtin)有关"众声喧哗"的文章时,福柯在权力行使的情境中发现了多重话语。话语被个人与机构用来构造现实、模糊动机或利益、反抗统治。在《性经验史》(*The History of Sexuality*)中,福柯写道:

> 我们不能想象把话语世界划分为接受话语和排斥话语,或者是统治者话语和被统治者话语;而是要将其想象成话语元素的多样关系,这些多样关系能够在不同的策略中发挥作用。正是这样的分配是我们必须重建的,连同那些被说过的、被隐藏的、需要阐明的、需要被禁止的;正是这种分配组成了……话语不会一味地

第一章 定量与理性

屈服于权力或者奋起抵抗权力,它也不会比沉默更屈服于权力。"[53]

福柯在描述 19 世纪的同性恋现象时坚持认为,被用来"抵抗"同性恋的话语同样被用来为同性恋正名:"由医学科学建立的性行为分类学被形形色色的当事者用来维护和谴责相同的行为。"[54]

尽管本书将在后面的章节重回福柯的话语观,但这些观点给政治学者带来的益处不能被过分夸大。修辞自身不能主宰或被颠覆:修辞被行动者采用,他们认为话语是战争中的有力武器。福柯关于"话语多样性"的观点有助于我们理解,语言如何被那些自以为身处权力行使情境中的人们所"盗用"或篡用。在关于话语的著作中,福柯强调了将不同的分析层次联结起来的重要性——权力的实际行使与围绕权力的话语。

知识和权力如孪生般密不可分,但对福柯而言,当代统治中还有第三种要素——监视。在过去的几个世纪中,一种全新的权力形式诞生了。福柯假定,这种规训的权力是施加于人的身体上,而非他们的财产上。这种统治的例子就是圆形监狱,一种被 19 世纪中期的杰里米·边沁(Jeremy Bentham)所引入的建筑设计。

圆形监狱是监狱的一种设计方案,在巨大的环形监狱的中央有一座监视塔。监视塔的位置以及背光的使用使得监视者能够看到所有的狱犯,但犯人却看不到监视者,而且,犯人看不到彼此。作为社会监控的方式,这种设计的精妙之处在于,犯人无法知道他们是否被监视或何时被监视。结果,主体往往将行为准则与规范内化于心。[55]圆形监狱——在此,人们被观视却什么也看不见——是福柯观点中一种理想的统治方式。技术捕捉到了现代权力的本质,潜隐于本质下的理论可以被用于其他的创新中:监视技术,从窃听到卫星图像,使得我们无法知晓我们的行为是否被监控。福柯将圆形监狱视为现代生活中规训的一种隐喻:"我们的社会并不是一种奇观,而是一种监视。"[56]圆形监狱是常规化的统治,一种权力的形式;这种权力形式可以"是非个性化的、广泛的、相互的、匿名的,同时又在整合越来越多的社会生活维度"[57]。

对本书的研究目的而言,规训权力的观点非常有用,因为这种力量的根源在于监视、测量与计算。尽管福柯殚精竭虑地描述囚犯、精神病人、孩童以及其他多少有些无助的群体的处境,但他的见解仍可以应用到多种情境中去。人类科学观察和调查的方法是社会监控的诸多微妙的途径:如果人们可以观察和测量一种现象,那么人们也可以调节这种现象。福柯有关权力/监视两者关系的观点夯实了定量的发展历史,因为其观点把复杂性的新层面引入定量的历史之中。早期的统计学家通过观察身体寻求社会控制,然而,这不是一种权力的显在应用,而是通过知识获取的权力,是观察和计算的能力。

公众舆论研究的新框架

总体而言,韦伯理性化的观点以及福柯关于权力的著作为我们分析数字在政治话语中的作用提供了有价值的工具。尽管这两位理论家对社会生活中的理性化进程有着不同的观点[58],但他们的历史观激发了定量出现在政治领域中的一系列有趣问题。这些疑问引发了后面章节的经验研究,我将在本书中不断回到这些问题上来:量化是如何在政治中兴起的? 这些追问激活了后面几章的经验研究,这本书也将不断回到这些问题:这些数字如何被运用于政治领域的主宰地位或抵抗这种主宰地位? 为什么在美国政治史上的特定时期,定量话语被视为具有权威性? 最后,不断发展的测量、计数与量化会对政治生活造成什么后果?

在韦伯与福柯的理论中,有三种重叠的领域跟公众舆论历史的学者们关系最为密切:工具理性的出现、作为策略的权力观、测量与合法的社会监管之间的关系。政治与意见传播是如何与时俱进的,他们的每一种思想都为我们的理解提供了帮助。

理性的概念早已扎根于德国社会理论的传统中,因而马克斯·韦伯并非撰写理性化的第一人。但他的中心观点——工具理性与实质理性之间无法避免的权衡妥协,以及不断增加的理性化——说明美国政治最近取得了巨大的发展。党派的衰退与政治顾问的兴起、民意调查的无处不在、电子媒体占据优势地位,每一种现象都证明了走向常规化与系统化的趋势。一旦从韦伯的理论视角来看待这些现象的发展,新的问题也会提出:这些趋势最终将以觉醒而告终吗? 理性化的政治传播出现之时,又会失去什么？韦伯激励我们提出这些十分宽泛的历史问题,而福柯却引导我们对特定的理性化案例进行细节研究：鉴于系统化与理性化通常都十分复杂,政治历史学者必须将研究聚焦于历史中的复杂案例。公众舆论之表达与测量的编年史就是研究理性化的丰富资源,因为量化在这个特定领域已经是如此彻底、如此引人注目。

人们不必放弃这种观点,即权力在某种情况下会被看作是商品或者是所有物,可是将权力当作一整套实践的观念能让政治学者们更为敏锐地聚焦于他们的研究。一直到福柯写了一系列内容广泛的规训技术,理论家们才真正注意到与权力行使紧密相关的那些技术。研究这些技术的价值非常巨大：权力的行使是一个不均衡的过程,这个过程经常成功也经常失败。一旦我们将关注点放在权力策略上,就可以观察到个人与机构试图进行统治的方法,以及这些统治如何遭到反抗。实际上,对权力的持久反抗是福柯著作的一个关键因素。他论证说：

> 哪里有权力,哪里就有反抗……(权力关系的存在)取决于大量的抵抗点；后者在权力关系中起着对手、靶子、支点、把手的作用。这些反抗点在权力网络中到处都有。在此,对于权力来说,不存在一个单一的、具有大拒绝意义的基点——造反的精神、所有反叛的中心、纯粹的革命法则。相反,存在各种反抗,它们在不同情况下是可能的、必要的、不可能的、自发的、野蛮的、孤立的、协调的、低调的、粗暴的、不可交易的、善于交易的、有利害关系的或是奋不顾身的。就定义而言,它们只能存在于权力关系的策略范围内。[59]

权力策略的运用以及对权力策略的抵抗在公众舆论的历史中尤为常见。我们将会在随后的经验案例研究中考察这一进程,但也很容易就想到近期某些生动的实例。比如,1988年总统竞选接近尾声时,迈克尔·杜卡基斯(Michael Dukakis)(一如此前的哈里·杜鲁门)敦促选民们不要听信竞选经理以及民调人员的话,因为他们预测民主党将会落败。他请求选民们评估两位候选人以及他们的议题主张,而不是听任政治专业人士影响竞选过程。[60]很有可能,随着全国性的竞选日益理性化,此类修辞性的吁求会变得越来越流行。[61]

最后,测量或计算与合法的知识生产之间的关系渗透于公众舆论传播的漫长历史中。正如第三章将要看到的,随着普选的日益普及和模拟调查在竞选活动中的运用,19世纪初公众舆论的数字描述开始获得权威。跟定量相联系的权威性,这里就有一个简单的、恰当的例子。在《被俘获的公众》(The Captive Public)一书中,本杰明·金斯伯格(Benjamin Ginsberg)争论说,意见调查常常被美国总统以及利益集团用来驳斥他们所怀疑的言论,那些被怀疑的对象往往是一些少数群体或者边缘化人群,这些人没有能力与资源来进行民意调查。金斯伯格相信,民调的科学氛围以及民调人员坚称的严格、精确的测量方法解释了民调的吸引力;民调之所以生产出权威性的知识,是因为民调运用了"客观"、价值中立的方法[62]。尽管调查研究者们自己完全能意识到这些方法的不足,但对民调结果的量化似乎已迷失在公共话语中。

本章回顾了定量的历史,回顾了可以运用到这一历史所采用的不同的概念方法,然而数字的工具式使用仅仅是其在政治领域中展现的一部分魅力。统计学、对公众的定量描述同样具有巨大的符号价值。尽管其符号魅力与其工具价值密切相关,但运用定量数据是一个强大的仪式化过程。我们现在转向数字的符号力量。

注 释

1. W. J. M. Mackenzie, "The Function of Elections," in David Sills, ed., *The International Encyclopedia of the Social Sciences* (New York: Macmillan, 1968), pp. 1—6.
2. 关于统计的历史,参见 William Alonso and Paul Starr, *The Politics of Numbers* (New York: Russell Sage, 1987); Patricia Cline Cohen, *A Calculating People: The Spread of Numeracy in Early America* (Chicago: University of Chicago Press, 1982); B. Lécuyer and A. Oberschall, "The Early History of Social Research," in David Sills, ed., *The International Encyclopedia of the Social Sciences* (New York: Macmillan, 1968), pp. 35—50; Theodore Porter, *The Rise of Statistical Thinking: 1820—1900* (Princeton, N. J.: Princeton University Press, 1986); and Stephen M. Stigler,

The History of Statistics: The Measurement of Uncertainty Before 1900 (Cambridge, Mass.: Harvard University Press, 1986)。

3. "统计思维"是Porter提出来的。
4. Cohen, *A Calculating People*, p. 43.
5. 参见Porter, *The Rise of Statistical Thinking*, pp. 18—20。
6. Lécuyer and Oberschall, "The Early History of Social Research," p. 38.
7. Ibid., p. 36.
8. John Sinclair, *The Statistical Account of Scotland*, vol. 20 (Edinburgh: William Creech, 1798), p. xiii. 关于早期的调查也可参见Martin Blumer, Kevin Bales, and Kathryn Kish Sklar, eds., *The Social Survey in Historical Perspective 1880—1940* (Cambridge: Cambridge University Press, 1991)。
9. Porter, *The Rise of Statistical Thinking*, pp. 5—6.
10. Ibid., pp. 52—55.
11. Lécuyer and Oberschall, p. 43.
12. Dorothy Ross, *The Origins of American Social Science* (Cambridge: Cambridge University Press, 1991), pp. 53—97.
13. Ibid., p. 429.
14. 参见Leo Bogart, *Polls and the Awareness of Public Opinion* (New Brunswick, N.J.: Transaction, 1988); Jean Converse, *Survey Research in the United States: Roots and Emergence, 1890—1960* (Berkeley: University of California Press, 1987); Tom Smith, "The First Straw? A Study of the Origins of Election Polls," *Public Opinion Quarterly* 54 (1990): 21—36; Michael Wheeler, *Lies, Damn Lies, and Statistics: The Manipulation of Public Opinion in America* (New York: Liveright, 1976)。
15. Albert E. Gollin, "Polling and the News Media," *Public Opinion Quarterly* 51 (1987): S86—S94.
16. 参见Converse, *Survey Research in the United States*; Jack Honomichl, "How Much Spent on Research? Follow Me," *Advertising Age* (June 21, 1982); Seymour Sudman and Norman Bradburn, "The Organizational Growth of Public Opinion Research in the United States," *Public Opinion Quarterly* 51 (1987): S67—S78。
17. 理性化是韦伯的概念,但包括法兰克福学派成员在内的其他人也在著作中广泛使用。
18. Guenther Roth, "Rationalization in Max Weber's Developmental History," in Scott Lash and Sam Whimster, eds., *Max Weber, Rationality, and Modernity* (London: Allen and Unwin, 1987),

pp. 77—78.
19. Donald N. Levine, "Rationality and Freedom: Weber and Beyond," *Social Inquiry* 51 (1981): 5—25.
20. Reinhard Bendix, *Max Weber: An Intellectual Portrait* (Garden City, N. Y.: Anchor, 1962), p. 9.
21. 关于《新教伦理与资本主义精神》的二手文献相当多。本迪克斯的《马克斯·韦伯》中有不错的介绍。Bendix, *Max Weber*, or in Rogers Brubaker's excellent study, *The Limits of Rationality: An Essay on the Social and Moral Thought of Max Weber* (London: George Allen & Unwin, 1984). 也可参见 Dirk Käsler's *Max Weber: An Introduction to His Life and Work* (Chicago: University of Chicago Press, 1988), pp. 74—141。
22. Martin Albrow, "The Application of the Weberian Concept of Rationalization to Contemporary Conditions," in S. Lash and S. Whimster, eds., *Max Weber, Rationality, and Modernity*, pp. 164—66. 个体层面的理性分析，参见 Barry Hindess, "Rationality and the Characterization of Modern Society," in S. Lash and S. Whimster, eds., *Max Weber, Rationality, and Modernity*, pp. 137—53。
23. Max Weber, *Economy and Society: An Outline of Interpretive Sociology*, ed. Guenther Roth and Claus Wittich (Berkeley: University of California Press, 1978), p. 85.
24. 更为复杂的四种理性类型，参见 D. Levine, "Rationality and Freedom."
25. Brubaker, *The Limits of Rationality*, p. 35.
26. Weber, *Economy and Society*, p. 585.
27. Talcott Parsons, introduction to Max Weber, *The Sociology of Religion*, trans. Ephraim Fischoff (Boston: Beacon Press, 1964), pp xxxii.
28. Weber, *Economy and Society*, p. 656.
29. Ibid., p. 433.
30. Ibid., pp. 606—7.
31. Max Weber, *The Protestant Ethic and the Spirit of Capitalism*, trans. Talcott Parsons (New York: Charles Scribner's Sons, 1958).
32. Ibid., p. 26; pp. 76—77.
33. Weber, *Economy and Society*, p. 1156.
34. Ibid.
35. Max Weber, "Science as a Vocation," in From Max Weber: *Essays in Sociology*, ed. and trans. H. H. Gerth and C. Wright Mills

(New York: Oxford University Press, 1946), p. 139.

36. Max Weber, 引自 J. P. Mayer, *Max Weber and German Politics* (London: Faber & Faber, 1943), pp. 127—28。

37. Barry Smart, *Foucault, Marxism, and Critique* (London: Routledge & Kegan Paul, 1985), p. 124.

38. Weber, *Economy and Society*, p. 247. 也可参见 Luciano Cavalli, "Charisma and Twentieth-Century Politics," in S. Lash and S. Whimster, eds., *Max Weber, Rationality, and Modernity*, pp. 317—33。几位马克思主义和非马克思主义者批评家在各自的理论中使用了韦伯的观点,但并不认可韦伯的结论。Georg Lukács, *History and Class Consciousness*, trans. Rodney Livingstone (Cambridge, Mass.: M. I. T. Press, 1971), or Jürgen Habermas, "New Social Movements," *Telos* 49 (1981): 33—37. 也可参见琼·科恩(Jean Cohen)在理性化问题上对马克思和韦伯的讨论, "Max Weber and the Dynamics of Rationalized Domination," *Telos* 14 (1972): 63—86。

39. Herbert Marcuse, "Industrialization and Capitalism," in Otto Stammer, ed., *Max Weber and Sociology Today* (New York: Harper & Row, 1972), p. 135.

40. 参见 Max Horkheimer and Theodor Adorno, *Dialectic of Enlightenment*, trans. John Cumming (New York: Continuum, 1987); Jürgen Habermas, *The Theory of Communicative Action*, trans. Thomas McCarthy (Boston: Beacon Press, 1984)。

41. 韦伯认为社会主义不会成功,因为在一个计划而又集权化的经济体系中理性化会得到加速度扩展。参见 *Economy and Society*, pp. 109—18。

42. Herbert Marcuse, "Some Social Implications of Modern Technology"; in Andrew Arato and Eike Gebhardt, eds., *The Essential Frankfurt School Reader* (New York: Continuum, 1982), p. 143.

43. 米歇尔·福柯的著作很复杂,本章仅仅提供他某些思想的简介。有几个水准颇高的介绍可参考,比如 Barry Smart, *Foucault, Marxism, and Critique*。也可参见 Smart's *Michel Foucault* (London: Tavistock, 1985) and Hubert L. Dreyfus and Paul Rabinow, *Michel Foucault: Beyond Structuralism and Hermeneutics* (Chicago: University of Chicago Press, 1983)。

44. Michel Foucault, *Discipline and Punish: The Birth of the Prison*,

trans. Alan Sheridan (New York: Vintage, 1979), p. 26.

45. Michel Foucault, *The History of Sexuality*, vol. 1, trans. R. Hurley (New York: Vintage, 1990), p. 92.

46. 参见 Dreyfus and Rabinow, or David Couzens Hoy, "Power, Repression, Progress: Foucault, Lukes, and the Frankfurt School," in Hoy, ed., *Foucault: A Critical Reader* (New York: Basil Blackwell, 1986), pp. 123—48。

47. Foucault, *History of Sexuality*, p. 94.

48. Foucault, *Discipline and Punish*, p. 224.

49. Ibid., p. 27.

50. Dreyfus and Rabinow, p. 5.

51. Michel Foucault, *Madness and Civilization: A History of Insanity in the Age of Reason*, trans. Richard Howard (New York: Vintage, 1973).

52. 复调是巴赫金的观点:任何语言均由众多的亚语言组成。他认为,语言是自上而下的异音对话:代表着过去与现在之间、社会意识形态冲突的同时共存,过去不同时代的同时共存,现在不同社会意识形态群体之间的同时共存,不同倾向、学派、界别以及诸如此类的同时共存。参见他的论文"Discourse in the Novel," in *The Dialogic Imagination*, ed. Michael Holquist, trans. Caryl Emerson and M. Holquist (Austin: University of Texas Press, 1981), p. 291。

53. Foucault, *History of Sexuality*, pp. 100—101.

54. Ibid., p. 101.

55. Foucault, *Discipline and Punish*, pp. 200—228.

56. Ibid., p. 217.

57. Dreyfus and Rabinow, p. 192.

58. 韦伯和福柯对于理性化持有不同的视角。虽然韦伯并不总是将理性化视为一个线性的、全球化的进程(尽管有学者假设如此),但他仍提出一个宏观的史学论证。福柯与此相反,更努力强调理性化的局部特征。他认为,倘若学者要准确理解理性化,就必须专心致志于理性化的具体实例。参见他的论文 "The Soul of the Citizen: Max Weber and Michel Foucault on Rationality and Government," in S. Lash and S. Whimster, eds., *Max Weber, Rationality and Modernity*, pp. 293—316。

59. Foucault, *History of Sexuality*, pp. 95—96.

60. 参见 Robin Toner, "Dukakis Nears the Wire in 9-State, 48-Hour Dash," *The New York Times*, November 8, 1988, p. A10.

61. 美国政治的普遍理性化不是本书

的讨论范围,但有相当多的证据表明持续增长的理性化。比如,选举政治中的政治顾问、政治行动委员会以及民调人员在选战期间以及选战之间产生越来越大的影响。参见 Larry J. Sabato, *The Rise of Political Consultants* (New York: Basic, 1981)。

62. Benjamin Ginsberg, *The Captive Public: How Mass Opinion Promotes State Power* (New York: Basic, 1986).

63. 有关调查研究的问题,参见 Robert M. Grovess, *Survey Costs and Survey Errors* (New York: John Wiley & Sons, 1989)。

第二章　数字与符号政治

> 同语言符号和艺术符号一样,数学符号一开始就笼罩在一种神奇的氛围中,被人们以宗教般的敬畏和崇拜来加以看待。
> ——恩斯特·卡西尔:《人论》(*An Essay on Man*),1994

哲学家恩斯特·卡西尔(Ernst Cassirer)深信,数学符号是所有符号中最有趣的。它不同于文字或者是大多数的视觉符号,数字使得经验能够完全地客观化。虽然许多符号能够帮助我们拉近理解社会行为的距离,但是数字能让我们发现世界上的秩序与系统。现在,如同卡西尔所研究的那些毕达哥拉斯学派的思想家那样,数字有一种不可思议的特性:定量数据精确、简洁,连最苛求的语言都无法匹及。

在上一章,我们对量化的工具功能进行了探究——数字资料简便、明显的运用。但定量数据也致力于符号目的,这些目的不能总是预先决定。比如,人们经常在开展调查之前讨论和概述民调的工具功能:民调工作者收集某种特别类型的数据,并且常常有具体的理由来这么做。民调工作者的客户们比如新闻组织,委托或购买这些调查数据,其原因在于这些民调结果可能会吸引读者或观众的注意力。立法者、利益集团的领袖或是公民活跃分子——这些组织搜集的资料——其符号运用难以预测。事实上,公众舆论数据的符号价值出现在公开辩论期间;只有在政治话语、政治仪式的语境下,数字所具有的真正的修辞价值才会凸现。

很多时候,人们是在工具价值的语境下来考察量化现象。然而在本章,我们将探究公众舆论资料的更为模糊的符号功能。工具性、符号性,这两种功能的联系非常密切,以至于难以在经验层面将它们分割开来。[1] 在很多情形中，不同的当事方掌握了相同的数据并且将这些数据嵌入不同的意识形态修辞，然后再根据不同的目的来运用这些数字。出于具体理由进行民调的那些人并不总能掌控他们调查得来的数字，也因此，专业的调查研究人员在发现他们的调查结果在公共话语里被引用的方式时常常感到很沮丧。

在接下来的章节中，我将分析公众舆论历史上的几个不同阶段；在这些阶段，数字同时发挥着工具作用与符号作用。可是，我们必须首先考察符号传播自身的性质。关于符号，目前有丰富的学术文献。对这些文献的简单回顾能够让我们查明，数据是如何在政治对话中发挥如此重要的作用的。我先检验符号自身的特征：什么是符号？为什么符号一直以来都是理论性学科研究的中心？然后，我分析符号如何以及为何被政治学用来构建公开论辩的边界。最后，我转向公众舆论符号。什么是公众舆论符号？为何折射大众情绪的数字符号在美国政治历史中如此引人注目？对模糊的公众情绪进行数字描述看似精确并且客观，但是这种描述究竟如何变得如此确定？

符号的性质

学者们从世纪之交（指 19、20 世纪之交——译者）就已经开始用各种不同的方式来定义符号。从西蒙德·弗洛伊德（Sigmund Freud）到肯尼斯·伯克（Kenneth Burke），理论家们都在研究个体和组织如何在有意或无意的状态下运用符号来自我表达。"Symbol"与"symbols"这两个词被如此广泛地运用于日常谈话之中，因为人们想要找出其他人行为的意义。

尽管许多理论家发表过符号表达的著作，弗洛伊德却是最早的一批作者之一。比如，他描写在梦境中符号所代表的角色，这些符号如何被心理分析师用于治疗。在一次名为《梦的符号论》的演讲中，弗洛伊德解释说：

> 符号化可能是我们"梦"的理论之中最值得注意的部分……在某些情况下，符号能够让我们在不需要询问做梦者的情况下就能解释梦境，做梦者实际上可以不透露任何有关符号的信息。如

果我们知道哪些符号经常出现,也了解做梦者的个性、他所居住的环境,以及他在做梦前的脑海中的印象,我们通常就能够直接解释梦境,仿佛在梦境里看见一般。[2]

弗洛伊德将符号看作是做梦者自身不和、不幸的表征。他争辩说,在梦境中只有有限的事物可以由符号来表现:很多时候,符号代表了身体、家庭成员、出生、死亡以及其他重要的人或事。在弗洛伊德的理论中,特定的符号与符号所意指的现象之间在人身上存在规律性的对应。比如,行程或旅行代表死亡,小动物和害虫往往代表孩子或者是同胞。尽管弗洛伊德具体的对应观点现在被很多人认为是可疑的、某种程度上受文化限制的,但符号的使用对个体的认知至关重要这一点还是被广泛认可的。[3]

弗洛伊德影响了心理学中符号现象的理论化,但埃米尔·涂尔干为社会学与人类学的符号研究设置了议程。涂尔干主要研究群体与社区中的符号现象,而非个体心理背景下的符号现象。不同于弗洛伊德,涂尔干认为符号"是个体与其所在社区之和谐、团结的表现",而不是不和谐的表现。[4]对于涂尔干而言,符号传播是社会过程的组成部分:符号可以引发强烈的情绪,也可以充当个体与集体行为的基础。涂尔干假定,符号是强有力的,因为它们能够让"情绪转移"。他对情绪与符号的著名论述值得我们详细引用:

> 在我们的头脑中,事物的观念及其符号的观念之间是紧密相连的,结果一方所引起的情绪就感染扩展到了另一方。这种感染在任何情况下都会不同程度地发生,但是,对事物本身来说,规模、组成要素的数量和复杂的结构都是人脑难以把握的,不过,它的符号却很简单、比较确定而且易于表现,每当此时,这种情绪的感染就会变得更全面、更显著……士兵为他的旗帜而死,为他的国家而死,但事实上,在他的意识中,旗帜是第一位的。……士兵不顾旗子只是一个记号、本身没有价值,只是想到它所代表的实体,于是,记号被当作实体本身那样对待了。[5]

在涂尔干之后,许多人类学家在非西方社会进行过田野考察,致力于对符号问题的严谨研究。爱德华·萨丕尔(Edward Sapir)于1934年写了一篇关于符号化的相当有影响力的论文。他吸取精神分析学与语言学的理论来定义符号,并使符号可操作化。[6]萨丕尔区分记号与符号,记号只是简单地代表某一事物,符号却表达了更为复杂的观念。对于萨丕尔而言,有两类符号:指称性符号、浓缩性符号。一些符号,比如说发电报的嘀嗒声,仅仅指向意义,它们是思想的替代品,因而是非常经济的传播形式。浓缩性符号能够让我们表达更加抽象、复杂的想法,它同样也能让我们表达与这些想法联系在一起的深刻情绪。在论述这些表面上看似微不足道的符号时,萨丕尔受到弗洛伊德的启发就变得很清楚了:浓缩性符号所反映的强烈情感常常不被有意识的心灵所承认。[7]

符号经常在指称性与浓缩性两个层面同时起作用。许多理论家曾经以旗帜为例说明符号。旗帜标志或直接代表一个国家,但也能够激发情绪或者传播一种特殊的爱国主义。由于旗帜作为符号可以在这两个层面上发挥作用,它们就转化成极为流行的象征物:美国国旗出现在衣服上、报纸的版头上;同样还被印在消费品以及其他很多不同的地方。公众舆论符号,以民调结果的形式,同样在指称性与浓缩性两个层面上都发挥作用。举个很常见的民调类型作为例子——总统声望民调。在声望调查中表现良好不仅显示出总统受到许多人的爱戴,而且反映出人们对政府的极大信心与自豪。在国家遇到危机的时刻,总统支持率经常飙升,这是因为此时爱国情绪高涨。[8]

由于符号具有多层次的表达形式,传播领域的理论家们总是受其吸引。社会学家 G. H. 米德(George Herbert Mead)是这些最早的研究者之一。米德相信,"个人"和社会的发展都离不开他所说的"象征符号"。对米德而言,没有符号就不可能思考,并且符号本身是由社会来构建的。米德论辩说,与他人的传播是建立在共有的符号库这个基础之上的:

> 思维总是暗含着某种符号,这种符号将在另一个人那里导致它在思想者那里所导致的同一种反应。这样一种符号就是话语的一种共相;就它的特征而言,它具有普遍性。我们总是假定,我们所使用的符号是一种可以导致另一个人作出同样反应的符号,只要它是他的举止机制的组成部分即可。一个正在说某种事物的人,也就是一个正在对自己说他对其他人所说的事物的人;如

果情况不是这样,他就不知道他正在说什么了。[9]

换言之,我们对符号的内在运用,与我们对符号的公共运用,是紧密相连的。米德的观点强调了在个人、心理层面上的符号使用结构与公共话语中的符号运用之间的关系。符号之所以有意义,是因为它们具有社会共鸣,是因为它们为许多人的经验、情感和思想提供了一种汇聚点。在审美领域,当一幅艺术作品运用了深刻、广泛共享的符号时,它就具有了力量。在撰写有关符号和文学的作品时,肯尼思·伯克(Kenneth Burke)将符号定义为"与经验模式相似的语言"[10]。他认为,经验模式经常被艺术家和作家转化为符号,"当艺术家与读者之间的经验模式近乎重合时,可能就是符号发挥其势不可当的影响力的时候"[11]。

就我们的研究目的而言,人类学家雷蒙德·弗斯(Raymond Firth)对符号的定义最有用,因为这个定义宽泛到足以包含上述的许多理论观点。弗斯坚称,符号是一种记号,这个记号

> 标志有着一系列复杂的联系,通常与情绪种类有关,除了部分再现之外,很难(有些人会说,不可能)用术语准确描述。个人或社会对意义的建构也许是显著的,因此对观察者而言,显而易见的是对代表事物的符号没有相似的感觉,对关系的归责也许看起来武断了。[12]

符号、政治和社会行为

研究政治符号一直以来都是文化人类学中田野调查与理论构建的中心,但从20世纪50年代晚期发端,政治科学家们也开始研究这些不同类型的符号。政治社会化得到越来越多的关注,部分原因在于人们越来越多地关心政治符号。研究儿童不断变化的信仰体系的人们发现,权力符号——总统或者儿童所在城市市长——总是反复出现,并且十分明显。[13]在早年生活中,儿童学会去尊重总统办公室并尊重拥有总统职位的人,但他们也建立起一种更为普遍化的、对政治系统本身的尊重。权力符号,以及其他的美国象征物,比如说国旗,都促成了政治学家所谓的"弥散的系统支撑"。[14]

20世纪五六十年代,政治社会化研究引导着学者们去分析具有重要意义的符号,重大社会运动的发展也起着引导作用。人权运动、反战运动以及紧随其后的妇女解放运动,每一个都强调符号传播在政治生活中的重要性。抗议的仪式将各种符号整合在一起,如焚烧国旗、毁掉征兵卡、火烧胸罩,既生动鲜明,又极富影响力。电视特别擅长于传递这些仪式性的表演,媒体大大推进了发端于60年代对政治符号的戏剧化运用。[15]

在任何特定的社会或国家,权力结构与符号运用之间都存在着多种多样的联系。掌权者运用符号来使他们的统治合法化,但是符号还充当着质疑现状的社会运动的基础。C.赖特·米尔斯(C. Wright. Mills)曾经论证说,某些"自主型符号"——比如,"人民的意志"或者"大多数人的选票"——常常是政治行为分析的自变量:价值标准以符号表现出来的吸引力可以引导个体和机构的行为。[16]对政治学者而言,他们特别感兴趣的是符号的三种功能。符号可用于希望赋予自身正当性或去除对手正当性的政权体制,对那些挑战政治现状、希望动员选民采取政治行动的群体也很有意义。

人类学、社会学和政治科学中,许多有关仪式的文献聚焦于政权让自身正当化的方式。社会学家,如米尔斯、汉斯·格特(Hans Gerth)等认为:制度产生一种"符号领域",能够为制度的存在提供辩护。符号领域是"话语的世界——词汇、发音、标记、公式以及作为制度化秩序之典型的各种类型的对话"[17]。通常,与独特的机构相联系的自主型符号会被个体"深刻地内化",以至于这些符号的重要性与意义都无须质疑或无须争辩。关于政治制度以及随之而来的符号领域有很多例证。政治理论家们最喜欢举的例子就是美国国旗,美国国旗就是一个与美国政体和军事密切相关的自主符号。那些支持这种政体的人出于礼仪目的会常常使用国旗,正如彼得·伯格(Peter Berger)和托马斯·卢曼(Thomas Luckman)所注意到的,已经强大的制度会使用符号来提升高层面的权威。通过运用符号所获取的正当性会"生产新的意义,用来整合那些附属于不同制度化进程中的意义。正当化的作用在于使得已经制度化的'一级'客体在客观上是可欲的、在主观上是合理的"[18]。至于国旗、秃鹰、白宫,还有其他类似的象征物,政体的正当性已经转移到符号上。[19]而每一件东西———一块彩色布料、一只鸟、一栋房子———本身没多大意义。恰恰是持续地将这些符号与政体联系起来,才给予这些符号以政体的意义。人们能够认出这些符号所指的是政府,并且这些符号可以用来广而告之政府在我们生活中的自然位置。国旗如何承担正当性符号？或许卡尔顿·海斯(Carlton Hayes)作了最准确的描述：

> 在向国旗行礼、点旗、降旗和升旗时,人类有通用的礼拜仪式。人们从国旗旁经过之时会行脱帽礼；诗人会写颂歌赞美国旗；孩子们会为国旗唱赞歌并对着国旗庄严宣誓。在所有庄严的节日以及民族的斋戒日里,国旗都出现在显眼的位置,与之相伴的,还有一样神圣的东西———国歌……当国歌响起的时候人们会起立,军队会"立正",男性会脱下他们的帽子,这些都是从外在表现出的尊敬和崇敬。[20]

政府人士也会使用富有意义的符号以排斥或贬损某些特定的团体或政策。格特和米尔斯注意到：尽管很多美国人表示支持某些社会主义政策,但使用像"社会主义""共产主义"之类的标签肯定会使这些政策蒙羞。[21]此类符号攻击可以用美国前总统里根的话为例,他描述了由丹尼尔·奥尔特加(Daniel Ortega)领导的尼加拉瓜桑地诺政府。尽管尼加拉瓜确实与古巴、苏联以及其他社会主义阵营国家有联系,里根反复强调桑地诺政府政体的社会主义的而非资本主义的性质。通过不断强调尼加拉瓜没有自由选举与自由的传媒业,通过给尼加拉瓜加盖"共产主义"标签,里根坚信他能够在国会和普通公众的眼皮底下让尼加拉瓜名声扫地。[22]

从20世纪60年代开始,通常与政府合法性紧密勾连的国旗和其他符号转化成了表示抗议的符号。这些自主性符号常常用于表达异议,连同其他策略,帮助动员那些反对美国政府参与越战的人。托德·吉特林(Todd Gitlin)提出,对反战闹剧的预期空前高涨,使得媒体被60年代晚期符号传播最"多姿多彩"的形式所吸引。他相信,其结果就是,媒体的关注驱使部分反战激进分子做出一些卖弄似的壮举——在游行时烧毁国旗。[23]

正如默里·爱德曼(Murray Edelman)及其他研究者指出的,符号传播与修辞学在事实上构建了政治领域。体制结构内外的人士规律性地使用标签与象征物,以塑造行动或表明立场。[24]伴随着影像媒介尤其是电视的扩散,符号传播变得越来越复杂、越来越普遍。爱国符号(如国旗、乔治·华盛顿和亚伯拉罕·林肯的画像,以及国家纪念碑的图像)具有将思想与商品推销给大众引起共鸣这一引人入胜的特性,广告商们对此尤其敏感。[25]

公众舆论符号

由于公众舆论表达被视为美国民主进程的中枢,公众舆论符号也就无所不在。有人会说,上面讨论的许多爱国主义符号也是公众舆论符号。例如,国旗在某些语境下极具力量,因为它代表的是整个国家——美国这个整体;国旗暗示着国家信念的普遍性;在对国旗誓言效忠的时候,所有人都应起立。另一个代表民主,同样代表公众意愿的流行符号是"美国宪法"。这份被威尔伯·泽林斯基(Wilbur Zelinsky)称为"神圣的国家圣经"的文件受到广泛尊重,某种程度上,被视为美国的社会契约。[26]对卢梭来说,民意反映在社会契约之中,同样,公众情绪是宪法的基石。

公众舆论符号研究存在一个尚待解决的问题,人们时常把它与爱国主义、民族主义符号混用。黄丝带就是一个例子。在波斯湾战争中,它被广泛用于支持驻扎在沙特阿拉伯的美军。支持美国政策的党派会展示黄丝带,但反对美军介入这场纷争的党派同样如此。黄丝带在那些反对美国波斯湾政策的人手里起到了很大的作用,因为黄丝带意味着忠诚,也意味着反对布什政府的行动。可以这么认为,黄丝带意味着对军队的支持,同样是爱国公共舆论的相当普遍的象征物。

有一类符号更加直接地与公众舆论自身相关联,那就是从调查研究中得出的数字。来自民调和调查的量化数据是数字符号;当这些符号被用于政治话语时,已经证明其很有影响、具备多层次意义。某种程度上,数字有着"神奇的"特性。卡西尔提到:这些数字是精确的、讲究的,最重要的是科学的。数字使得客观成为可能,客观通往启蒙。[27]公众舆论的数据受惠于人们对于数字符号的普遍尊重。正如不少人注意到的,民调数据被认为如此重要、如此具有新闻价值,以致记者们都围绕这些统计数据的发布来写文章。随着抽样调查的扩散,政治家、记者及其他各色人等,开始意识到看清楚公众舆论并不是一件非常困难的事:人们只要抽取一个具有代表性的样本,设计标准化的调查问卷,再适当培训一下访员。这一程序收获了有价值的数据,这些数据收集得很严密,看上去"是科学的"。

从另一层面来看,描述公众情绪的数字是民主符号。取样的原理和实践表明:某个人口范围中的所有人都有平等的机会被选中来参加调查。尽管大多数美国人可能不明白要抽取一个全国性的随机样本实际所需的逻辑和流程,但大多数人对于调查要有代表性这一点还是清楚的。[29] 民调之所以如此普遍,是因为它在两个层面上同时发挥符号作用:它是经过科学方法提取的,能够代表普遍的公众情绪。取样本身就是一种民主概念。所以尽管在公共话语中存在(毋庸置疑,总是会存在)对民调的不满与攻击,但这些数据仍然无所不在、无时不有。

为什么意见的量化再现变得如此普及?这是一个复杂的问题,但答案似乎与符号传播的简易性息息相关。用来描述大众情绪的数字技术毫不含糊,旨在检测极为模糊、转瞬即逝的现象。如同本杰明·金斯伯格(Benjamin Ginsberg)所指出的,在采用取样方法之前,人们被迫通过行为来自我表达,领导人也只能尝试通过观察种种事件才能了解公众情绪。[30] 可是,随着用于测量意见的聚合技巧不断发展,大众意愿的传播方式变得远没有那么复杂了:量化方法是非常经济的、可以把复杂的政治信仰压缩处理的方法。

大众信念的数字符号非常有价值,因为它们是我们所谓"公众舆论"这种无定形的存在的标记。量化数据让我们以一种非常简明的方式讨论公众情绪。相比之下,描述公众舆论表达的论坛如抗议集会中的人群的行为更加困难。描述参与系列行动的群体特征,与回答标准化的表格、汇总人们的口头表达的意见相比,要花费更多的精力,需要更加精细。数字让我们能够直接传播公众舆论的抽象观念,就像是智商的测试得分使得教育家们能够讨论"智力"一样。[31] 政治态度的特质与复杂性在民调过程中失之东隅,却又凭简便的数据传播而在公众话语的方式中收之桑榆。

意见数据：工具式运用与符号式运用

公众舆论符号，无论是量化的还是质化的，均是美国政治更宏大的仪式过程的一部分。当某个议题成为公众讨论的中心时，政治家与记者不可避免地要自问公众对这个议题如何感受。对于当选官员来说，他们工作的一部分就是要了解公众情绪，记者也是如此。但是在美国，甚至在这些职责之外，公众舆论传播已经变得习以为常。

要搞清楚意见数据的各种多变的运用，就需要从符号性与工具性两个视角来评估这些数字。这两种框架能够让我们审视公众舆论表达过程中的不同方面，而且每个方面都非常重要。正如在上一章所注意到的，理解公众舆论测量的方法/目的理性之后，社会控制、权力、监视这些问题会更加凸显。重视公众舆论数据的工具式运用，会凸显这些数字明显的，有时是关键的功能，即服务于政治家、记者、政治活动分子的功能以及偶尔服务于普通民众的功能。

数字的符号式使用，远没有工具式使用那么明显，但同样重要。人们未必按照计算、理性的方式来使用意见数据，也不一定会按照（调查者）原先计划好的方式加以使用。强调工具理性，就会强调公众舆论表达的技巧与测量过程的运作结构——重点就放在人们准备收集和运用资料以达成目的的计划上；而强调数据的符号使用，就要求我们转换分析重心，因为符号传播围绕着情感诉求，这种诉求是存在于韦伯的工具理性观念之外的一种修辞类型。符号激发情感，并且利用了人们的激情，这些都难以纳入政策等方面的理性计算之中。

大卫·柯泽（David Kertzer）在研究政治仪式时提出，研究符号是困难的，因为符号自身就模糊含混、语义多元：同样的符号被不同的人、在不同的语境、为了不同的目的加以使用。他还指出，符号传播与符号的仪式运用是政治生活的中心。柯泽注意到：

> 作为一位理性的行动者，政治人物会小心地衡量他或她自己的处境，通过工具式计算来衡量自身利益并以此决定自己的行动路径。"政治人物"的这种形象忽略了文化和我们作为人类的所有特质。尽管我们根源于物质世界并受到物质力量的极大影响，

我们仍通过我们的符号工具来感知物质世界、评估物质力量。[32]

从这一视角来看,人类是使用符号的生物;人类通常会选择戏剧性的或者是激发兴趣的观点,而不是根据理性达成的观点。与此前的符号理论家一样,柯泽承认:要完全理解政治,人们必须至少审视行为的两个方面:工具理性方面,以及更加为情感所驱动的方面。

要探索对量化的意见数据的工具式运用,我们需要转向两位研究理性的理论家——马克斯·韦伯、米歇尔·福柯。毫不奇怪,这二位都认为,社会行为同样存在着另一个不那么理性的维度。韦伯关于实质理性的力量的写作诉诸价值观、诉诸传统、诉诸克里斯玛(chrisma,具有超凡魅力的,常被想象为在卓越人物、领袖和统治者身上的神为资格——译者)。在自己的著作中,福柯重点强调了知识和我们用来理解人类行为的范畴,在根本上是如何被非理性地、异乎寻常地构建出来的。

有人也许论辩说,公众舆论符号经常如同工具一样被运用于政治话语中,因为这些符号是达到目的的手段。但是正如许多学者提出的那样,一个符号的意义永远不会具体到以这样的方式被运用,即多种多样的意义可以被归结为同一个符号。一旦符号被创造出来,人们不可能预测:符号如何被利用、如何被操纵、如何被模仿。如果有人要去研究公众舆论领域中的符号传播,那么,很重要的一点就是要超越"方法/目的"这一程式。意见数据在意识形态或党派辩论的语境下是如何使用的?在其内在意义上看似如此客观、精确的量化数据,能够被用来激发情绪,这一切是如何发生的?当我们分析美国政治历史上舆论表达的多元性质时,这些问题是本书要致力解决的问题。

符号与公众舆论研究

相较于测量自身的符号作用,研究公众舆论的大多数学者对态度测量表现出了更多的兴趣。[33]尽管调查研究者们正在开始分析民调数据在司法体系[34]、政府机构[35]、商业领域[36]的使用方式,但政治辩论中意见数据的运用仍属于替补角色。因此,关于公共生活中量化数据的使用方法的理论非常匮乏:研究者们改良了意见测量的方法,但对他们努力的成果在政治竞技场上是如何被管理的,仍然一无所知。如果政治学者要了解舆论传播过程的这一方面,就必须从审视具体的、历史的语境开始,正是在这种语境中关于公众偏好的数据才得以运用。

在当代学术话语中,对公众舆论数据的符号运用研究很少,也缺乏对此类现象的历史研究。正如此前章节所详述的,用来评估公众舆论的量化技巧已经有很长的历史,但数字化的舆论数据随着时间而变化的使用方式一直都没有成为学术研究的重点。在随后的章节中,我记录了部分人士使用量化的舆论数据的方法,包括19世纪的党派记者,20世纪三四十年代的国会议员、记者,以及到目前为止仍在写作的时政记者。研究舆论数据与时俱进的运用,既显现了各种方法所演变的路径,也凸显了美国政治变迁的方式。

量化数据间或可能提供对公众舆论生动、可靠的描写,但量化数据的收集与传播并不总能回答公众对重要政治事务的意见问题。这些数据常常会引发冲突,而不是防止或者抑制冲突。正如我们将在接下来的案例研究中所看到的,数字客观、准确的特性并没有创造出一个更加理性的、由工具理性所主导的政治领域。相反,在美国的政治史上,量化数据并没有成为解决意识形态或者政策冲突的工具,反而成为这些争端的来源。

注 释

1. 至于工具性与象征性的社会行为,参见 Joseph Gusfield, Symbolic Crusade: *Status Politics and the American Temperance Movement* (Urbana: University of Illinois Press, 1986)。
2. Sigmund Freud, *A General Introduction to Psychoanalysis* (New York: Simon & Schuster, 1972), p. 158.
3. Raymond Firth, *Symbols: Public and Private* (London: George Allen & Unwin, 1973), pp. 148—49. 当代认知心理学家对符号颇有兴趣,但大多数往往在隐喻或"图式"的语境中加以讨论。关于隐喻在认知中的作用,参见 George Lakoff, *Women, Fire, and Dangerous Things: What Categories Reveal about the Mind* (Chicago: University of Chicago Press, 1987).
4. Firth, p. 130。
5. Émile Durkheim, *The Elementary Forms of the Religious Life: A*

Study in Religious Sociology, trans. Joseph Swain (London: George Allen & Unwin, 1915), pp. 219—20.

6. Edward Sapir, "Symbolism," in E. Seligman, ed., *Encyclopaedia of the Social Sciences*, vol. 14 (New York: Macmillan, 1934), pp. 492—95.

7. 参见默里·埃德尔曼在 *The Symbolic Use of Politics* (Urbana: University of Iuinois Press, 1985) 后记里对萨丕尔的范畴的评论。

8. 关于政治事件与总统支持率之间的关系, 参见 Richard Brody and Benjamin Page, "The Impact of Events on Presidential Popularity: The Johnson and Nixon Administrations," in A. Wildavsky, ed., *Perspectives on the Presidency* (Boston: Little, Brown, 1975), pp. 136—48。

9. George Herbert Mead, *Mind, Self, and Society: From the Standpoint of a Social Behaviorist* (Chicago: University of Chicago Press, 1962), p. 147.

10. Kenneth Burke, *On Symbols and Society* (Chicago: University of Chicago Press, 1989), p. 109.

11. Ibid., p. 110.

12. Firth, p. 75.

13. 例如参见 *Fred Greenstein, Children and Politics* (New Haven, Conn.: Yale University Press, 1965)。

14. 参见 D. Easton, *A Systems Analysis of Political Life* (New York: Wiley, 1965); 以及 D. Easton and J. Dennis, *Children in the Political System: Origins of Political Legitimacy* (New York: McGraw-Hill, 1969)。

15. 关于作为仪式的媒介事件, 参见 Eric Rothenbuhler, "Media Events, Civil Religion, and Social Solidarity: The Living Room Celebration of the Olympic Games" (Ph.D. diss., University of Southern California, 1985)。

16. C. Wright Mills, *The Sociological Imagination* (New York: Grove Press, 1961), pp. 36—38.

17. Hans Gerth and C. Wright Mills, *Character and Social Structure: The Psychology of Social Institutions* (New York: Harcourt, Brace, 1953), p. 275.

18. Peter Berger and Thomas Luckmann, *The Social Construction of Reality: A Treatise in the Sociology of Knowledge* (Garden City, N.Y.: Anchor Books, 1967), p. 92.

19. 至于对国旗、秃鹰以及其他美国符号的分析, 参见 Wilbur Zelinsky, *Nation into State: The Shifting Symbolic Foundations of American Nationalism* (Chapel Hill: University of North Carolina Press,

1988), pp. 196—208。

20. 引自 Zelinsky, p. 243。

21. Gerth and Mills, p. 384.

22. 关于里根政府对尼加拉瓜的政策及其与公众舆论的关系，参见 Barry Sussman, *What Americans Really Think and Why Our Politicians Pay No Attention*（New York: Pantheon, 1988）。

23. Todd Gitlin, *The Whole World Is Watching*（Berkeley: University of California Press, 1980）。

24. 参见 Edelman, *The Symbolic Uses of Politics*。

25. 关于使用广告以调控公众的消费偏好，参见 Mark Crispin Miller, *Boxed In: The Culture of TV*（Evanston, Ill.: Northwestern University Press, 1988）。

26. Zelinsky, p. 244。

27. 在数字上相对立的观点，参见法兰克福学派成员对实证主义的批评，其中有 Max Horkheimer, *Critical Theory: Selected Essays*（New York: Herder & Herder, 1972）; and Herbert Marcuse, *Reason and Revolution: Hegel and the Rise of Social Theory*（New York: Oxford University Press, 1981）。

28. 新闻媒体对民调的运用，参见 David L. Paletz et al., "Polls in the Media: Content, Credibility, and Consequences," *Public Opinion Quarterly* 44（1980）: 495—513。

29. 公众对民调程序的理解，参见 Burns W. Roper, "Some Things That Concern Me," *Public Opinion Quarterly* 47（1983）: 303—9。关于大众传媒如何报道民调以及应该报道的调查的细节类型，参见 Peter V. Miller, Daniel M. Merkle, and Paul Wang, "Journalism with Footnotes: Reporting the 'Technical Details' of Polls," in Paul J. Lavrakas and Jack K. Holley, eds., *Polling and Presidential Election Coverage*（Newbury Park, Calif.: Sage Publications, 1991）, pp. 200—214。

30. Benjamin Ginsberg, *The Captive Public: How Mass Opinion Promotes State Power*（New York: Basic, 1986）。

31. Stephen J. Gould, *The Mismeasure of Man*（New York: W. W. Norton, 1981）。

32. David I. Kertzer, *Ritual, Politics, and Power*（New Haven, Conn.: Yale University Press, 1988）, p. 12.

33. 关于调查研究的历史，参见 Jean Converse, *Survey Research in the United States: Roots and Emergence, 1890—1960*（Berkeley: University of California Press, 1987）。

34. Irving Crespi, "Surveys as Legal Evidence," *Public Opinion Quarterly* 51（1987）: 84—91.

35. William Alonso and Paul Starr, *The Politics of Numbers* (New York: Russell Sage Foundation, 1987).

36. 关于使用收视率和商业调查数据，参见 Peter V. Miller, "The Folklore of Audience Measurement," paper presented at the annual meeting of the Midwest Association for Public Opinion Research, Chicago, Ⅲ., 1985; 以及 Solomon Dutka, "Misuses of Statistics in Marketing and Media Research: What Will Happen to Research Quality in the '90s?", transcript of proceedings of the ARF seventh annual Research Quality Workshop (New York: Advertising Research Foundation, 1989), pp. 129—44。

第三章　舆论表达与统计方法

测量大众情绪的研究方法、态度表达的方式途径、公众舆论自身的含义，这三者在任何时期都彼此紧密联系。事实上，在每一种公众舆论表达或测量的技术背后，都是对意见传播过程本质的一种陈述。比如，现代民意调查假定：公众舆论是许许多多个人意见的集合；进行抽样调查也是假设：民调人员与调查对象之间悄悄的信息交换，最终也算是一种"公开"的表达意见的过程，即便被访者与他们所回应的观点从来没有被鉴别过。

本章聚焦于舆论表达和测量之不断变化的技巧，追溯公众舆论的历史。在19世纪早期的美国，公众舆论的量化加速发展，如果我们想要理解公众舆论的量化，就必须首先了解意见技术更加宏大的历史进程。这种宏观的历史视角，不仅能够揭示与时代一起沉浮的意见表达的趋势，还能展现出公众舆论内涵的急剧变化。

在开始讨论之前，我先界定两个关键术语：公众舆论和技术。"公众舆论"是一个很难界定的术语，在社会科学文献中我们可以找到各种不同的定义。讨论过这个专业术语之后，我们将转向公众舆论的技术史。关于公众舆论的技术史，有几个问题需要展开：公众舆论技术是否如韦伯预测的那样，会随着时间的推移变得越来越理性？公众舆论的技术史是否回应了米歇尔·福柯关于监视以及社会控制的著作？在整个趋势分析之中，我对公众舆论调查进行了评估：按照前面的表达与测量技术，现代民调与早期民调有何差异？二者又有哪些共同之处？

公众舆论的界定

1965年,一位名叫哈伍德·查尔兹(Harwood Childs)的研究者回顾了学术文献中关于公众舆论的各种定义,不过,他发现这些定义五花八门,没有共性。有些定义认为,公众舆论是那些参与政策并对政策感兴趣的政治精英们的共同意见;还有一些其他的定义,比如政治学家V. O. 基(V. O. Key)认为,公众舆论是那种政府所关注的重要的大众态度。[1]

查尔兹找到这么多定义,其原因显而易见:下定义的社会理论家和调查者们对意见传播过程中的不同方面感兴趣。有人研究意见形成的方式,即我们的态度如何受到周围人的影响;其他人则关心公众舆论与公共政策之间的关系——大众意见如何并是否反映在立法行动或政治制度的本质中。最后,许多研究者比较关心某一特定议题的公众舆论是如何随着时间的变化而变化的。这些研究计划都需要对公众舆论进行特别的界定。比如,倘若某研究者对政治社会化感兴趣,那他就必须把公众舆论定义为一种动态的、潜在的易受影响的现象。另一方面,如果一位研究者试图了解某一特定国家中公众舆论的本质与公众舆论所支持的政权类型之间的关系,那么他或者她就会被吸引去关注公众舆论的稳定因素和动态因素。

总而言之,公众舆论各种不同的含义可以被分为四种定义类型:聚合、多数主义、散漫无章/一致同意、实体化。[2]

如今,我们倾向于把公众舆论看作是匿名表达的意见的聚合。问卷调查是记者、政治家及其他人为获知公众情绪的特征所使用的主要工具。当"公众"或者是"公众舆论"被援引到大众话语中的时候,说话者或作者常常会参考此类调查结果。[3]投票是意见聚合的最早形式,但计算每个人态度的做法随着19世纪20年代模拟调查的采用而加快了步伐。聚合取向的、对公众舆论进行理论化的标本就是乔治·盖洛普(George Gallup)与索尔·瑞(Saul Rae)两人就问卷调查的使用而发表的富有争议的著作——《民主的脉搏》(*The Pulse of Democracy*)。盖洛普和瑞坚持说,通过向各种各样的人提出问题,可以以最佳的方式获知公众舆论,不管这些个体是否参与政治或者了解某些议题。作者声称,在抽样方法的帮助下,"让比较少的一部分人表达自己的意见,人数与国家中每一个区域、每一个主要人口群体的比例相当",通过这种方式能够识别出公众舆论。[4]

第二类定义也许最好描述为"多数主义"。这类定义假定:具有最大结果的意见是数量最多的公民所表达的。这一研究方法同样以聚合取向为主,但是不能公平对待所有意见:它认为少数人的意见没有多数人的意见那么重要。一个例子就是劳伦斯·洛威尔(A. Lawrence Lowell)于1913年在其著作《公众舆论与大众政府》(*Public Opinion and Popular Government*)中对公众舆论的界定:"仅人数占多数是不够的,也不必要求全体一致,不过公众舆论一定是这样的情形:少数人也许并不持这些意见,可他们觉得必须接受,不是出于恐惧,而是出于信念。"[5]

第三类包括那些围绕意见的一致和传播而展开的定义。其中最有名的就是让-雅克·卢梭的"民意"概念,这个概念充当了卢梭"社会契约论"的基础。[6]约翰·洛克(John Locke)也在其《人类理解论》(*An Essay Concerning Human Understanding*)中写到了相关的标准与共识。他论辩说,有三类法则用以统治人类——神授法或上帝之法、民法,还有"意见法或者是声誉法"[7]。洛克相信,"意见法",现在我们称之为社会准则,是当前最有威力的一种法则:那些蔑视公认惯例或公认意见的人会有被他所在的社群排斥的危险。最近,伊丽莎白·诺艾尔-诺依曼(Elisabeth Noelle-Neumann)根据这些定义提出了意见形成与变化的理论。在《沉默的螺旋》(*The Spiral of Silence*)一书中,她设想公众舆论是一种社会共识;这种社会共识既将个体团结在一起,又压制个体。[8]

第三类定义强调了意见传播在公众舆论过程中所发挥的作用。为了让人们知道他们已经越过了可以接受的行为的界限,他们必须了解这些界限的限度。结果就是,对于共识理论家们而言,发送各种提示(这一行为)是从不会改变的:人们几乎总是会进行意见传播,不论是言语的还是非言语的。

第四类定义假定公众舆论是一种假象或者说是一种物化。像沃尔特·李普曼（Walter Lippmann）等作者相信，公众舆论是媒体或精英观点的投影；[9]事实上，公众舆论是由各种政党所操控的"幻影"，希望借此将他们的行为或者观点合法化。法国社会学家皮埃尔·布尔迪厄（Pierre Bourdieu）修正了李普曼的评论，论证公众舆论其实并不存在；民众很少有兴趣或者缺乏足够的教育，故而无法表达出富有见地的意见；如果要相信的话，那就是天真地相信了民主过程。[10]构想出第四类定义的理论家们属于折中主义派别，他们中的许多人都是现代调查研究的严厉批判者。

本书避免在这些定义类别中选边站队，而是承认"公众舆论"在不同的阶段有着不同的定义。正如哈贝马斯注意到的，"公众领域"与"公众舆论"这两个词有严格的时间限制：两个概念都"需要从它们具体的历史情境中获得确切的意涵"[11]。的确，在特定年代，公众舆论的概念是社会、政治、技术语境的函数。洛克的"意见法"对于理解当代大众舆论的形成过程而言可能没什么用处，它也许把更小的社群中的意见传播的本质描写得很透彻。同样的，一个政客也可能会以富有争议的方式来使用"公众舆论"这个词语，即使他既没有定性的也没有定量的证据来支撑他的观点。在此类情况下，公众舆论确实看起来像是一种假象，援用这个词语只是为了修辞目的。

技巧与技术

公众舆论的"技巧"或"技术"只是人们用来表达或者测量态度的工具。历史学家查尔斯·梯利（Charles Tilly）将技巧称为"全部技能"，在不同的时期，被政治行动者用于不同的目的。接下来我们将探讨曾经用于人们相互传播或对其领导人传达意见的诸多技巧。

理论家们对于"技术"确切的定义尚未取得一致意见。[12]如同对公众舆论的定义争论不休一样，由于这些研究技术的理论家采用不同的理论和经验方法，因此产生了许多问题。在这里我会运用雅克·艾吕尔（Jacques Ellul）对技术所下的定义："理性总结出的、在人类活动的每个领域都具有绝对效力（对发展的某一特定阶段而言）的方法总和。"[13]艾吕尔的定义对我们的研究目的很有价值，因为他强调了技术运用的目的性。人们和机构之所以开发表达或者评估公众舆论的工具，是因为他们需要快速而有效地达到目的。艾吕尔还相信：用来完成任务的技巧运用于人类努力钻研的所有领域；并不是只有在工程或者是医药领域中才能找到技术。思考人们的行为和作为表达技巧的信息传播渠道，这使人更加仔细地看待那些人的动机与目的。

公众舆论的技巧有两个层面，用于测量大众情绪的工具同样也是表达技巧。尽管调查研究的提供者测量公众对某个议题的意见，只为将这些意见数据卖给报纸或是其他组织，但民意调查（也让人们）清晰地表达意见。与此类似，报纸本身也是评估公众舆论的技术，但同时也也给了公众舆论发言权。

舆论技巧简史

几位学者已经写过有关人们历年来表达意见的不同途径的著作。德国历史学家威廉·鲍尔（Wilhelm Bauer）于1914年撰写了关于公众舆论的一段漫长历史，将大众情绪的传播从古希腊一直追溯到20世纪早期。查尔斯·梯利对公众舆论的研究者发起挑战，从历史的视角反思舆论研究者的工作，并且探究了调查研究年代之前的态度表达。最近，采用这种历史传统研究方法的学者是本杰明·金斯伯格（Benjamin Ginsberg），他论证说，普选和民意调查由始于18世纪晚期和19世纪早期寻求"驯化"变化无常的公众的政权所引入。

公众舆论的历史从来没有被完整地记录下来，部分原因是这一主题太过宽泛，部分原因则是这段历史太过漫长。这里我将回顾一些舆论表达历史上的重要时期和重要发展——公众舆论史学家们认为是最重要的时刻。尽管许许多多的哲学家，从柏拉图到哈贝马斯都撰写过不少关于公众舆论本质的作品，但我在评估公众舆论技术的发展过程时只会偶尔在文本的主体部分涉及他们的著作。表3.1汇总了评估、表达公众舆论的主要技巧。此表的内容取自于大量的公众舆论史学学术文献，也标出了每种技术所出现的大致时期。

表 3.1　历史上表达和评估公众舆论的技巧

技巧[a]	出现的时间[b]
演讲/修辞	公元前 5 世纪
印刷业	16 世纪
群众	17 世纪
请愿	17 世纪晚期
沙龙	17 世纪晚期
咖啡屋	18 世纪
革命运动	18 世纪晚期
罢工	19 世纪
普选	19 世纪
模拟调查	19 世纪 20 年代
现代报纸	19 世纪中期
给公共官员或编辑的信件	19 世纪中期
大众媒介节目（政治性的）	20 世纪 20—30 年代
取样调查	20 世纪 30 年代

注：a. 本表中的名单还很不完整，但是，我已经尝试把各个学科的学者们经常引用的技巧包含其中。为完成本表，我从政治科学、社会学、传播学以及历史文献中提取了所有公众舆论的重要历史纪录。其中包括：Bauer, 1930；Coser, 1970；Ginsberg, 1986；Habermas, 1989；Martin, 1984；Palmer, 1967；Sussmann, 1963；Tilly, 1984。

b. 这些数据代表的是每种技术第一次被使用的大概时间。

公众舆论表达的历史根源

古希腊的哲学家是第一批撰写公众舆论著作的人。柏拉图对公众普遍不信任，远不如亚里士多德对公众舆论抱有的同情。亚里士多德写道：

> 把多数人中的单个人挑出来可能没有一个贤良的人，但是他们聚集在一起可能就会优于少数人，不是就单个人而言，而是就整体而言，就好比由众人集资办的宴席与一人出资办的宴席。因为在众人中的单个人都具有部分的贤良与才智，当把这些人聚集在一起，多人就变成了一人，多手多脚，具有多种感觉，在习性与

思想上也是如此多样。这就是为什么大众是音乐与诗歌更好的评价者,因为一部分人评价这个,另一部分人评价那个,把所有人的声音合在一起就能对整体下结论。贤良之人之所以出类拔萃是因为每个人都集众人之长于一身。[14]

亚里士多德将公众舆论看作是随着时间自然进化的"集体意志"[15]。公众意见可能是明智的,肯定要比个人意见优越得多;他坚持说,通过集体的力量,智慧就会显现。柏拉图对待公众舆论的看法则大为不同,他认为集体并不具有讨论或决定政策事务的能力。[16]

如同鲍尔所指出的,在古希腊,也有许多传播公众舆论的技巧。除了有限的选举外,还有泛希腊节庆、小册子、戏剧表演。在希腊成长起来的最重要的表达技巧就是演讲。演讲术与修辞学被认为是调动人民、安抚大众的极富影响力的工具。在古希腊的民众所聚集的市集里,"演讲迅速发展成为操纵公众舆论的一种最适宜的技巧,一直延续到古希腊晚期和罗马时代,成为政治宣传、政治煽动之最强有力的工具"[17]。在罗马历史上,由希腊人所开发的舆论表达以及评估技巧被广泛运用,连同精巧的运输系统加速了人们对政治议题的讨论与意见交换。[18]保罗·帕尔默(Paul Palmer)注意到,虽然古典罗马作家"对平民毫无敬意",但似乎那时的公众舆论已经成为重要的、可辨认的存在。[19]

在罗马帝国的衰落与发明印刷机之间的这段历史时期,公众舆论的发展过程留有大片空白。鲍尔坚信,这一时期,政治新闻的传播以及意见的分享饱受磨难,因为人口七零八落地散布在欧洲的乡野地区。人口的"去中心化",加上遍布四处的文盲,导致政治话语的急剧萎缩。[20]

在公众舆论史上,17 世纪有两大重要事件产生了巨大的政治影响:尼古拉·马基雅维利撰写《君主论》、《李维史论》;印刷技术的扩散与传播。

《君主论》的许多篇幅直接或者间接地论及公众舆论的问题。马基雅维利相信:如果统治者想要控制他的人民,就必须对大众表现出他人道的一面,不管他对大众的真情实感是什么。在马基雅维利的视野中,"一般可以这样说,大众是忘恩负义、反复无常、刻意回避危险以及追逐利益的"[21]他写道:成功的君主受世人所畏惧而不是憎恨,并且成功的君主会小心地展现出他慈悲、善良的一面。在公众舆论方面,劝服与操控、虚伪的外表是最重要的:这些表面功夫可能使得君主成功,也可能会让君主惨败。马基雅维利提醒君主:"每个人都能看到你的外表是怎样的,但是很少人清楚你是怎样一个人,而且这少数人是不敢反对大多数人的意见的,因为大多数人的意见受到国家最高权威的保护。"[22]马基雅维利似乎不仅是我们今天所称的"形象管理"的早期实践者,还在洛克写作"意见法"与"流行"之前就熟知公众对其成员所施加的力量。

公众与群众

在《君主论》发表的那个世纪,一种革命性的传播技术一飞冲天,那就是印刷机。正如历史学家伊丽莎白·爱森斯坦(Elizabeth Eisenstein)所认为的,印刷机的发明催生了现代公众。公众与群众不同的是:与群众相比,公众中的个体通过意见传播,而不是物理位置上的接近,彼此联系。直到报刊出现之前,意见都是通过口头传播的,但印刷术让持续的、复杂的政治讨论成为可能。爱森斯坦还提出,阅读将个人从他们原先的共同体中拉开,但同时又促使新的共同体的形成:

> 就性质而言,阅读型公众不仅更加离散,而且比聆听型群体更加原子化、更加个人主义。共同体需要经常集中起来接受某个给定的信息;在共同体的传统感觉范围内,这一感觉可能因为复制同一的信息有所削弱,而这种同一信息给传统共同体带来团结一致的读者……但是,尽管共同体的团结被弱化,间接感受到的对更加遥远的事件的参与却增加了;尽管地方联系放松了,更大型的集体单元却正在被锻造。印刷物激发着对事业默默无声的支持,虽不能在任何教区找到支持者,却能对着隐形公众侃侃而谈。[23]

尽管印刷术以提升政治意见、吸纳政治意见的方式带来变革,文盲却依然随处可见。由于很多人都不能利用印刷品来表达他们的意见,口语技巧仍然很受欢迎。如同梯利、E. P. 汤普森(E. P. Thompson)、罗伯特·丹顿(Robert Darnton)所指出的,暴乱、游行、滑稽的公

共仪式以及诸如此类的表达技巧从17世纪开始盛行。梯利注意到,表达公众舆论的技巧或"全部技能"大略就是一个类型:

> 宽泛地说,17至19世纪的全部技能局限于一个狭窄的范围内:这种技能的实施对象是地方行动者或国家行动者的地方代表。它十分依赖他人的援助——向那些雷厉风行的实权者求助来转达不满情绪或者平息争端,暂时取代那些无足轻重或懒散的掌权者采取行动,一旦行动结束就放弃权力。[24]

丹顿发现,17世纪末18世纪初的法国涌现出许多具有创造性的公众论战的事例。他写到这样一个例子:那些被店主虐待的工人在精心设计的发泄不满的仪式活动中,以猫作为资产阶级的象征物。在某个时候,两个年轻男子率先开始杀猫;在杀了很多店主的猫之后,"他们把几袋半死不活的猫扔在庭院里,然后召集了店里的所有员工举行了一场模拟审判。这场审判结构完整,配备有法庭警卫、忏悔者、公开的行刑者。在宣布这些猫有罪并进行最后的仪式之后,他们把这些猫吊死在临时准备好的绞架上"[25]。这一时期的游行、示威通常是在大斋节之前的"狂欢节"期间举行,此时出格的行为成为通行标准,而社会规则被暂时弃置一旁。

17世纪中期,另一种更加有序的公众舆论表达形式出现了——请愿。早在1640年,英国民众就向议会请愿,主题涉及各个方面,从垄断的泛滥到和平的重要意义。议会的成员不是完全没有注意到公民的请愿书。事实上,这些签署请愿书的公众往往形成无法控制的乌合之众,他们心怀各种不满向议会进发。最终,像塞西尔·埃姆登(Cecil Emden)指出的:

> 上下议院在1648年发表声明,抵制以混乱的方式举行请愿。在王政复辟之后不久,议会通过一部法令来规范混乱的请愿,并且要求:规定请愿人数不得超过20人,除非得到30人以上的治安官同意。[26]

尽管1648年法令出台后向政府请愿的情况仍在持续,但议会依然审慎地对待公众的行动,因为这往往会伴随着公众不满情绪的宣泄。1698、1699年,英国通过立法,要求请愿书必须要由一位议员提交,而非请愿者自己提交。[27]这些立法行动预示着国家最终要在公众舆论传播过程中承担更大的角色。

文明的表达:法国沙龙和英国咖啡屋

法国大革命前的巴黎沙龙和18、19世纪的伦敦咖啡屋对于这段时期内精英的知识生活尤为关键,这两者也是公众舆论表达和测量的重要场所。关于宗教、政治、艺术的思想在这两个场所酝酿,而这些论坛的谈话内容最终成为公众话语的一部分。

许多学者写到过18世纪法国沙龙的特征。[28]在这些小型聚会中,作家、政治家、艺术家还有其他形形色色的知识分子聚集在一起探讨书籍和思想。卢梭、狄德罗与其他哲学家利用沙龙这种集会场所来阐述他们的理论,尽管很多人认为这种集会的虚饰和拘谨令人感到压抑。恰恰在这种沙龙中,经济拮据的文人们混迹于贵族和政治精英之中,在这样的沙龙里,风趣和挑逗性的玩笑最受赏识。哲学家和作家参与沙龙,获益良多,原因是组织这些沙龙的女人们很有影响力,能够帮助这些饱学之士赢得学术地位和文学奖项。[29]

这一时期有代表性的沙龙就是德毕内夫人(Madame D'Epinay)的沙龙,她是伏尔泰、卢梭、杜克洛等大师的朋友。虽然没有受过良好的教育,也不是很富有,但德毕内夫人与其他沙龙的经营者一样,深知思想的价值。海伦·克莱格(Helen Clergue)注意到,德毕内夫人的沙龙主题主要集中于政治、哲学、伦理。18世纪60年代,外国访客、文人、政治家们在她的会客厅里展开主题广泛、生动活泼的政治讨论。[30]

沙龙的发展在公众舆论的历史上占据了关键一章。这些会客厅内进行的对话影响到了法国公众舆论的性质,沙龙同时还是进行舆论评估的一个论坛:沙龙内的谈话通常受到政府的监视。路易十六时期的财政大臣雅克·内克尔(Jacques Necker)是第一个注意到沙龙对公众舆论具有影响力的人:"他(内克尔)评论说:路易十五、路易十六统治期间,部分侍从和大臣宁愿冒着触怒皇室的风险,也不愿意在巴黎的顶级沙龙中遭到冷遇。"[31]

图3.1　德毕内夫人,简·艾蒂安·利奥塔尔1759年画作。德毕内夫人主持了18世纪最负盛名的哲学沙龙之一,与卢梭、格林姆以及其他杰出人物过从甚密。由日内瓦马赛艺术历史博物馆提供。

内克尔相信,"公众舆论"描摹的是沙龙中精英团体的情绪,而不是所有法国市民的情绪;他将整个法国的市民称为"狂野的蛮人"。[32] 路易斯·柯泽(Lewis Coser)注意到,沙龙不仅是一个供大家谈笑风生、调笑取乐的论坛:"(沙龙)尝试……塑造文化界以及公众舆论,助力新思想的产生。"[33] 尤尔根·哈贝马斯新近认为,此际的沙龙是形成"公众领域"的催化剂。这些在论坛聚会的中上阶层——其中很多人并未在

政府任职,只是第一次可以借助沙龙持续地批评政府。³⁴

法国大革命之前出现了更加多元化的舆论表达方式,使 18 世纪的法国沙龙黯然失色。在此期间以及法国大革命如火如荼之时,政治活动分子散发报纸,组织反政府游行,分发政治讽刺漫画,除此之外,就是动员公众舆论来反对君主制。³⁵ 实际上,法国大革命是公众舆论史上最有趣的事件之一,因为它是第一次真正意义上的大众革命,第一次由公众情绪所引发的大规模起义改变了政府进程。包括卢梭在内的几位法国知识分子,都强调公众舆论作为一种革命的力量是何等重要。历史学家凯斯·贝克(Keith Baker)注意到:

> 启蒙的公众舆论,作为一种政治力量出现了。这种观点大概由见多识广的法国政治文化观察家路易斯—塞巴斯蒂安·梅西埃(Louis-Sebastien Mercier)在君主制末期最简练地提出……"今天,公众舆论在欧洲具有一种无法抗拒的主导力量。我们也许希望它能给世界带来最大的益处,各处的暴君会在这持续响起、充斥欧洲,并且让欧洲觉醒的集体号召声面前战栗。"³⁶

在法国暴力变革的这些年中,一种与沙龙相类似的舆论表达方式开始在伦敦流行。咖啡屋成为文人墨客、知识分子、普通市民的聚集场所。进入咖啡馆受到的限制并不像沙龙那样,只要花点小钱就能加入到咖啡屋的交谈之中。人们可以在咖啡屋就某个观点进行争辩,对话的内容总会渗透到流行杂志里。事实上,如刘易斯·柯泽(Lewis Coser)注意到的那样,斯蒂尔(Steele)、艾迪生(Addison)还有其他人将在咖啡馆中的谈话摘录发表在诸如《旁观者》(*The Spectator*)、《闲谈者》(*The Tatler*)、《卫报》(*The Guardian*)等杂志上。针对伦敦咖啡屋的影响,柯泽写道:

> 当人们有机会相互讨论,当人们抽离了独自思考的孤立状态进入一个公众世界,个人的意见能够在互相讨论之中被磨砺、被检验,共同意见才能形成。咖啡屋有助于在多种多样的个人意见中将共同意见具体化,并给予它形式和稳定性。³⁷

图 3.2 选自塞缪尔·霍尔：《现代礼仪》（1782年）的"交谈"。18世纪的法国沙龙对于旧制度时期的公众舆论传播颇为关键。

聚合技巧与现代公众舆论观的出现

18世纪晚期到19世纪早期,现代公众舆论的测量和表达技巧开始出现。最重要的技巧之一就是普选。[38]选举成为舆论表达史上的一个转折点,因为选举离不开个人意见的传播。尽管公元前300年,最早的无记名投票就在印度出现,但是美洲(英属)殖民地选举中的无记名投票体系是首次大规模的意见记录程序,并成为其他国家选举体系的模板。[39]在选举名正言顺之后,模拟调查作为一种预测选举结果的方法出现了,进行模拟调查以及记者和政治活动分子采用何种方式进行模拟调查,这是下一章的主题。

普选与普选背后的理论为其他聚合公众舆论的方式铺平了道路。报纸发行量以及后来的收音机的收听率、电视节目的收视率成为公众舆论的重要指标。公众舆论可能被构建成许多原子化的个体意见或个体行动的总和,这种观点并不新颖,但是这种观点似乎像以前从未提出一样,开始在19世纪早期流行起来。先前,公众舆论的观念与群众或者共同体的活动相联系,公众舆论被认为是许多个体的共识,专注于一种互动式的传播过程。然而新的聚合技巧似乎更加适合大型的、正在快速成长的美国民主。广泛普及的政治参与和(对一些人来说)平等被看得十分重要,因此聚合为情绪表达提供了一种有效、合理的方法。

随着聚合技巧扩散开来,现代公众舆论观开始出现了。正是在19世纪中期,托克维尔写下了"多数人的暴政",这附和并拓展了《联邦党人文集》的主题。许多学者耗费心思来阐释托克维尔的著作,但是很少有人注意到詹姆斯·布赖斯(James Bryce)。这是一位访问美国的英国人,并在1891年的时候出版了百科全书式的《美国联邦》(*American Commonwealth*)。公众舆论学者们对布赖斯的著作尤为感兴趣,因为他的著作聚焦于报刊与公众舆论之间的动态关系。布赖斯似乎将公众舆论看作是诸多个人意见的聚合,可他无法预测到抽样调查的发展:

> 除了统计选票数以外,如何探明多数人的意愿?……还没有国家能够轻易地解决这些麻烦,虽然举行全民公决的小国瑞士曾

图 3.3 1798 年,伦敦,劳埃德的咖啡屋。18 世纪的咖啡屋远比巴黎沙龙更加接近普通市民,是政治和文化的辩论场所。承蒙维京企鹅公司允许使用。

经面临过并解决了其中的部分问题,但是我想指出的是,按周按月地考量或者是测量民意的机器尚未发明出来,也不可能被制造出来;然而,对统治者来说,也许会有一个倾向,要连续不断地寻找当前大众意见的表现,并且依照对这些表现的解读来形成他们自己的做法。[40]

尽管他常常思考人们可以接近公众舆论的不同方法(比如选举、政党平台,等等),但布赖斯相信,报纸是意见传播的有力渠道。日报是报道事件的"叙述者"、意识形态立场的"拥护者"、感知公众舆论变化方向的"风向标"。[41]

布赖斯像许多当代理论家一样,将公众舆论看作是一种具体现象——行动的公众舆论。对他而言,意见是一个以多种不同的方式存在的自变量:公众意见促使政治家履行职责,充当立法改革的基础,动员个体的民众。对于布赖斯,公众舆论不是三十多年后李普曼所谓的幻影。公众舆论是需要小心应对的一种力量——是与政党和总统制同样重要的一种制度。

公众舆论技巧的历史趋势

表 3.2 复制了意见表达与评估的主要技巧清单,同时根据技巧的表达类型进行了分类。这种分析是粗糙的,因为在历史文献中能够找出每种技巧的无数个变体,但是此种分析能够帮助我们察觉意见表达因时而变的趋势。在这一点上,韦伯的社会化理论以及福柯关于规训技术的作品,的确是特别有用的分析工具。两位理论家都强调技术与社会控制之间的关系:韦伯写到工厂与科层管理,而福柯着重于惩罚与监禁的方式。我们可以把这些相同的思想应用到公众舆论的技巧史上。

韦伯关于理性化不断与日俱增的观点认为:更新的舆论表达技巧要比原先的技巧更能激励结构化的舆论表达。为了理解表格里的每种技巧所包含的理性化程度,我想知道技巧所带来的意见表达是否比非结构化的技巧更加结构化。技巧能够让一个人创造他或她自己的问题与答案,或者技巧往往将个人局限于既定的选择?

表 3.2　公众舆论的技巧与能够表达的类型

技巧	结构化或非结构化	公共或私人
演讲/修辞	非结构化	公共
印刷	非结构化	公共或私人[a]
群众	非结构化	公共
请愿书	非结构化与结构化[b]	公共
沙龙	非结构化	公共
咖啡屋	非结构化	公共
革命运动	非结构化	公共
罢工	非结构化	公共
普选	结构化	私人
模拟调查	结构化	私人
现代报纸	结构化	公共或私人
给官员或编辑的信件	非结构化	公共或私人（不签名的信件）
大众传媒节目（政治性的）	结构化	公共或私人
抽样调查	结构化	私人

　　a 印刷使得人们可以私下阅读，尽管印刷物通常是公共话语的一部分。
　　b 尽管请愿书是在拥有大量讨论和论辩的大众会议上草拟的，但其最终的表达是结构性的——人们要么签名，要么不愿签名。

　　随着时间的推移，公众舆论的表达与评估的手段似乎变得更加结构化。沙龙、咖啡馆、频繁的暴乱、街头示威以及早期其他的表达技巧为人们自由讨论政治和社会议题留有余地，但18世纪末19世纪初，普选的引入标志着一个转折点——公众舆论的理性化进度加快了。

　　我们可以比较以下两种表达意见的方式——暴乱和抽样调查。前者在很大程度上是非结构化的，后者则是结构化的。尽管游行示威（尤其是暴力示威）期间，人们传递微妙或复杂信息的能力有限，但此种技术所赋予的能够表达自由的数量跟抽样调查相比，要多得多。研究19世纪之前公众表达的历史学家，比如梯利等人，提供了丰富而又详尽的证据，表明集体行为由于其多样性与创造性而极富影响力。17、18世纪期间，集体行为通常使得个人能够在任何时间、采用任何方式游行，只要他们需要；同时引导特定群体（某些精英、权威人士等）中的个人行为。而且，示威活动的许多潜在领袖——不是因为其职位而是因为个人魅力获得领导抗议活动的资格。

当这些行为与抽样调查相比较时,很明显,抽样调查会以某种暴乱所不具备的方式限制人们。暴乱作为表达工具足够灵活,当个人或者群体抱有不满时,能够在任何时候、为了任何理由、抱有多种目的,鼓励他们采取行动。与之相反,抽样调查这一技术,需要统计学专业知识,需要大量的筹划,需要足够的资金投入;假如有人要广播其调查结果,这一技术还需要能够接近全国媒介。金斯伯格指出,很少有普通的民众、劳工团体、草根政治活动分子能够有钱付得起这种公众舆论的表达与测量方式。[43]

选举、模拟调查、抽样调查都会确定我们表达意见的议题以及我们能够选择的回应。大众媒介(与政治相关的报纸、广播、电视访谈节目)在构建公众舆论的时候更为复杂,但无论如何,本质上他们只允许有限的表达,尽管传播学者们发现文本的意义是由读者/观众协商完成的,在阐释文本自身时通常会存在着限制或边界。[43]

从媒介产业的主管层与制片人的视角来看,报纸发行量,广播电视政治节目的收听率、收视率代表着大众媒介技术给予的意见表达:设计统计数据是为了让它们代表受众对媒介政治内容表达赞同或不赞成。毫无疑问,尽管许多人对他们接触到的媒介产品并不满意,但是他们的声音很少会被听到。写信给公共官员和编辑看起来似乎成为表达日益上升的理性化模式中少有的一种现代例外,可是这些信件也会受制于编辑的主观性,受制于刊登信件的大多数报纸杂志的空间限制。

我应该强调一下:时间上与我们更接近的公众舆论表达技巧,如抽样调查,绝对没有取代以前的技巧,然而,这些表达技巧与之前的相比,跟公众舆论表达的关系更加紧密。在会客厅讨论政治和艺术,一如此前的沙龙,还会发生。问题是,在政治话语中,以前的讨论技巧是否被作为主导的舆论表达方式。如同前面所述,从20世纪40年代至今,学术著作被迫与一种观念抗衡,即"民意调查"正变得在含义上等同于"公众舆论"。

韦伯的理性化理论之所以对公众舆论学者非常有用,原因之一就是这个理论强调了社会控制问题。理性化并不是一个抽象的现象,而是这样一个过程：在公众舆论测量的情况下，组织和个人将自身的实践系统化，以此来对大众实施更有效率的监控。尽管证据并不确凿，但颇有说服力的迹象表明，有一个逐渐的变化，即离开"自下而上"的表达技巧，转向由国家或者是私人企业力量所控制的"自上而下"的策略。在写到类似意见调查或者电视收视率这些新的"大众反馈技术"时，詹姆斯·贝尼格（James Beniger）注意到：

> 在世纪之交与"二战"之间，促进大众反馈新技术的动力来自企业和政府，而不是想要找到新方法来"表达自己想法"的公民和消费者。……不仅人们将他们的传播重心从当地的受众转向全国受众，而且，受众自身，包括大企业和大政府，越来越倾听人们心中的想法——越来越倾听（幸亏有新的大众反馈技术）人们是否想要说出他们的想法。[44]

在此，贝尼格回应了福柯关于规训技术的著作。尽管现代舆论技巧并不像圆形监狱（Panopticon）那样引人注目，它们也不是特别具有侵入性，但表 3.2 显示，意见技巧考虑到了大规模观察而没有实质性的干涉，并随着时间的推移变得越来越普遍。比如，电视收视率只要对广播技术轻微改动就能采集，使得企业能够轻易并且悄无声息地获得公众舆论数据。对电视网、政治领袖以及当代社会生活的学者来说，到底多少人在收看某个类型的节目是富有价值的信息。另一种技巧，抽样调查也是相当不起眼的观察技巧。在一个有代表性的全国调查中，成百（或上千）人受到访问，但是全部人口的意见被认为由这些数据所代表。从福柯的理论视角来看，对所有人口的监视，静悄悄地、毫不费力地完成了。

公众舆论和私人意见

除去探究公众舆论技巧的理性化之外，我还试图探究表达的开放性或公共性质上的变化。罗列在表 3.2 中的每一种技巧，我都将其分类为"公共"或"私下"，主要根据是这一技巧是否能够让个人在自我表达时是公开说话还是私下说话。当个人公开说话时，他们的目的是为了能够在一个开放的论坛上传到他人，而当他们私下说话时，他们并不希望他们的意见被广泛地传播。

之所以要讨论"公开"与"私下"的意见表达这一问题,是因为这是经典民主理论的核心。如果要讨论、理解共同的利益,就必须有多种渠道供人们公开表达和辩论。在对"一致性"民主与"对抗性"民主的引人注目的解释中,珍·曼斯布里奇(Jane Mansbridge)注意到:在希腊,面对面的会议和讨论是协商共同利益的关键部分。[45]

表3.2显示,公众舆论表达在历史进程中变得越来越私人化。这一模式与大众社会的观念相一致,也就是说,19世纪中期的工业化致使地方性社区的社会纽带被弱化以及公共生活的衰败。许多大众社会理论家论辩说:当个人从内心里转向核心家庭,并且日渐减少与共同体内其他人的联系时,公共领域开始缩小。[46]

尽管"公""私"之间的区分对于了解技术走向而言很重要,但应该注意到:与这些概念密切相关的是匿名性和归属性。事实上这两组概念之间的联系如此密切,以至于事实上,拆分是成问题的,实践上也往往是不可能做到的。

让我们以公众舆论调查为例。这种调查既是私人的又是匿名的;当人们与调查访员在电话上交谈时(自电话和随机拨号普及以来,很多当代的调查都是通过电话进行的),这种对话就是私人的。尽管被访者可能知道他或她的意见会被收集起来,大概还会被报纸或电视公开,但实际的意见表达是在私人的环境中完成的。有人可能争论说,既然表达会被公开,抽样调查并不是一种私人的表达方式:他或她从来都不需要为民调人员所收集起来的任何一条意见负责。

暴乱是另一个例子。在暴乱中,匿名与私人的概念彼此缠绕。如果一个人参与了一次暴乱,他很明确地参与了一次公开的行动,然而他也可以以某种方式在一个大群体中保持匿名。这个例子与上面提到的电话调查的例子相比,最初的表达是公开的,作为结果的表达可能要么是匿名的,要么是归属性的。但是,我坚持,在这种状态下,将意见归于某个人,还是很有可能的。

民调和政治表达

公众舆论表达与测量技术过去的发展历史表明,公众舆论已经变成了一种更加结构化、更加私人性的政治参与类型。民意调查运用了常规化的数据收集程序,并且向受访者保证会对他们的意见保密,那么,此类调查如何影响政治表达的性质?

似乎很清楚,抽样调查旨在扩大大众社会中的政治参与;在一个社会中,开展经常性的全民公投会产生无数的后勤难题,而代表性的抽样技术被构想为能够让公众舆论的表达与评估易于管理、保证公平。可尽管民意调查是一种扩大"自上而下"的大众政治参与的尝试,然而,与以往的公众舆论技巧相比,民意调查也许未能增进民主社会中的辩论与讨论。事实上,通过将个人表达结构化,通过将公众舆论表达转化成一种私下的过程,抽样调查也许会使我们距离经典的民主参与观念越来越远。

尽管意见调查对民主共同体的影响是第八章的主题,但在此简要阐明我的论点是合适的。我们将两种意见技巧作为理想类型——沙龙和意见调查。18世纪的沙龙以及同期的咖啡屋定位于自由、非结构化的意见表达。在大多数描述沙龙和咖啡屋的解释中,看起来几近所有的参与者都加入到了一种交互的传播过程中,他们言说,倾听,再言说。不存在最后的话语,也不会有最终的意见——动态的意见形成过程是沙龙和咖啡屋运行的基本要素。

与此相反,即使一个人感觉很自信,他或她已经尽了最大努力来回答访员的问题,但在大部分情形中,此人并没有使用他自己的语言或概念。[47]布尔迪厄所描绘的公开表达场景——民调工作者通过选择问题和决定受访者的选项来引导公众话语——是唯一与现代的、理性化的公众舆论概念、工具相联系的。与此前的表达技巧相比,在态度表达、态度识别上,民调的构建能力更为出色。

尽管民主社会中存在许多机会去公开表达,但民调却是意见表达的一种主导形式。如同投票一样,民调以保密性和私密性为特征。在抽样调查的访谈过程中,被访人员单独向民调人员表达看法:他的意见并未发表在平台上供人思考和辩论。民调所鼓励的意见表达的私人性质与意见表达的刻板僵化,这两者都背离了传统民主理论所体现出来的政治参与原则。有趣的是,尽管民调是通过统计分析的方式来预测所有人口的观点,但民意调查的确是在尝试将某种(少数)类型的直接的政治参与最大化。

抽样调查的普及有助于政治领袖更有效率地监视整个人口的情绪,同时也给予公民一种社会比较机制:通过民调数据,我们可以感知我们的公民同胞对社会议题的态度,但对于社会学家而言,问题在于,单纯增加(民调)所代表的意见数字的能力是否比公众舆论中"公开"性的潜在衰退更为重要。

随着时间的推移,意见技巧被形形色色的个体和组织所采用,而抽样调查是详尽的技巧名录中一个最新的增补。这些不同的技巧服务于不同的目的:有些技巧是表达异议的通道(比如暴乱),而其他技巧则被用来操纵或控制公民(比如修辞手法);任何一种技巧都不会用一种恒定不变的方式加以运用,但这些技巧的特征往往推动不同类型的意见表达。

本章早些时候曾提出一个有关公众舆论含义的问题。此处的历史素描确认了哈贝马斯的观点,即我们对公众舆论的看法是永远在变化的;我们如何称谓公众表达直接跟我们如何表达和测量这一现象有很大关系。

如同福柯所研究的技术情形一样,要坚持这样说是不可能的,即这些意见表达技巧的任何一项都促使我们以某种确定的方式来思考公众舆论;知识的转变导致了技术的转变。在任何情况下,关于公众舆论性质的假设都随着技巧本身共同演化,比如,"公众舆论汇聚了所有相同观点"这一想法存在于模拟调查流行之前,因为汇总意见的做法根源在古希腊,但广泛的政治参与在19世纪被认为是极有价值、极为重要的,所以模拟调查的发展就完全说得通。

本章只概述了公众舆论的历史参数。但是这一概要,连同对意见表达技巧的大致发展动向的探究提供了一种语境;通过这一语境,人们能够理解从19世纪中叶到当前的美国,意见是如何被表达的。本书的主旨并不是介绍公众舆论的漫长历史,而是定量表达技巧在近两个世纪进化的主要方式。要研究这些方式,我们必须大大地缩小我们的研究重心,聚焦于特定的意见表达案例。第一种案例就是模拟调查,这是早期重要的公众舆论之表达与评估技巧。

注　释

1. Harwood Childs, *Public Opinion: Nature, Formation, and Role* (Princeton, N. J.: D. Van Nostrand, 1965).

2. 这些定义类型并非彼此排斥，某些舆论研究者清晰地给出了适合两个或两个以上类型的定义。

3. 比如海湾战争期间，记者与其些评论家持续引用了公众舆论支持布什总统的政策这一"事实"。在表明此类立场时，记者们通常参考那些表明广泛支持的民意数据，而反战人士的意见则不被视为"公众舆论"。

4. George Gallup and Saul Rae, *The Pulse of Democracy: The Public Opinion Poll and How It Works* (New York: Greenwood, 1968). 在 *The Captive Public* (New York: Basic, 1986) 一书中，本·金斯伯格提出：在美国政治中，民调和民意已经画上等号了。他注意到，其他形式的公众表达，如利益集团、政党、草根组织政党的意见，不再被认为是公众舆论，因为他们的意见已经被抽样调查所取代。

5. 引自 Childs, *Public Opinion*, p. 17.

6. Jean-Jacques Rousseau, *The Social Contract and the Discourses*, ed. and trans. G. D. Cole (New York: E. P. Dutton, 1950).

7. John Locke, *An Essay Concerning Human Understanding*, ed. Alexander Campbell Fraser (Oxford: Clarendon Press, 1894).

8. Elisabeth Noelle-Neumann, *The Spiral of Silence: Public Opinion—Our Social Skin* (Chicago: University of Chicago Press, 1984). 自从哈贝马斯论证传播在意见形成中的重要性以来，他也可以位列此类理论家。但因为他的著作从总体上关注公共领域，我有点犹豫，是否应把他放入特别关注公众舆论定义的这一类理论家群体，参见 *The Structural Transformation of the Public Sphere: An Inquiry into a Category of Bourgeois Society*, Chapter 7 (Cambridge, Mass.: M. I. T. Press, 1989). 也可参见 Benjamin Nathans, "Habermas's 'Public Sphere' in the Era of the French Revolution," *French Historical Studies* 16 (1990): 620—44, and Craig Calhoun's recent edited volume, *Habermas and the Public Sphere* (Cambridge, Mass.: M. I. T. Press, 1992).

9. 参见 Walter Lippmann, *The Phantom Public* (New York: Harcourt, Brace, 1925) 以及 *Public Opinion* (New York: Free Press, 1965).

10. Pierre Bourdieu,"Public Opinion Does Not Exist," in A. Mattelart and S. Siegelaub, eds., *Communication and Class Struggle* (New York: International General, 1979), pp. 124—30.

11. Jürgen Habermas, "The Public Sphere: An Encyclopedia Article," *New German Critique* 1 (1974): 50. 也可参见 his Structural Transformation of the Public Sphere。

12. 参见 Langdon Winner, *Autonomous Technology: Technics-Out-of-Control as a Theme in Political Thought* (Cambridge, Mass.: M. I. T. Press, 1983), pp. 2—12。

13. 引自 Winner, p. 9。参见 Jacques Ellul, *The Technological Society*, trans. John Wilkinson (New York: Alfred A. Knopf, 1964)。

14. Aristotle, *The Politics*, ed. and trans. T. A. Sinclair (Baltimore, Md.: Penguin Books, 1962), p. 123。

15. David Minar, "Public Opinion in the Perspective of Political Theory," *Western Political Quarterly* 13 (1960): 39.

16. 参见 Minar or Paul Palmer, "The Concept of Public Opinion in Political Theory," in *Essays in History and Political Theory in Honor of Charles Howard McIlwain* (New York: Russell & Russell, 1964), pp. 130—57。

17. Wilhelm Bauer, "Public Opinion," in E. Seligman, ed., *Encyclopaedia of the Social Sciences* (New York: Macmillan, 1930), p. 671. 也可参见 Kurt Back, "Metaphors for Public Opinion in Literature," *Public Opinion Quarterly* 52 (1988): 278—88。

18. Bauer, p. 672.

19. Palmer, p. 232.

20. 这个时期,关于非西方国家的公众舆论表达,著述很少,因为历史学家们全神贯注于西欧和美国。"舆论"这个词产生于大革命前的法国,很可能一直到19世纪晚期或20世纪早期,这一表述一直流行于西方社会。

21. Niccolò Machiavelli, *The Prince*, trans. N. H. Thompson (Buffalo, N. Y.: Prometheus, 1986), p. 59. 关于马基雅维利的这个话题,我仅参考了《君主论》。

22. Ibid., p. 63.

23. Elizabeth Eisenstein, *The Printing Press as an Agent of Change: Communications and Cultural Transformations in Early-Modern Europe* (Cambridge: Cambridge University Press, 1979), p. 132.

24. Charles Tilly, "Speaking Your Mind without Elections, Surveys, or Social Movements," *Public O-*

pinion Quarterly 47 (1984): 465.

25. Robert Darnton, *The Great Cat Massacre and Other Episodes in French Cultural History*（New York: Vintage, 1985）, p. 77. 更为全面却不太文学性的，关于18世纪与19世纪早期群众的作品是 E. P. Thompson 的经典文章，"The Moral Economy of the English Crowd in the Eighteenth Century," *Past and Present* 50（1971）: 76—136。Thompson 认为，18世纪的美国暴民并非**挑战**既存状况，但他相信这些暴民正在"保护**传统**权利或承诺，而且这些暴民获得了社群之中更为广泛的共识支持"（p. 78；强调是我所加）。关于这一时期的欧洲群众，也可参见 George Rudé, *The Crowd in History: A Study of Popular Disturbances in France and England, 1730—1848*（London: Lawrence and Wishart, 1981）。

26. C. S. Emden, *The People and the Constitution*（London: Oxford, 1956）, pp. 74—75. 非常有趣的是，这个时期美国的许多请愿是由妇女发起的，参见 P. Higgins, "The Reactions of Women, with Special Reference to Women Petitioners," in B. Manning, ed., *Politics, Religion and the English Civil War*（London: Edward Arnold, 1973）, pp. 179—224。

27. Emden, p. 75.

28. 参见 Dena Goodman, "Enlightenment Salons: The Convergence of Female and Philosophic Ambitions," *Eighteenth Century Studies* 22（Spring 1989）: 329—350; Joan Landes, *Women and the Public Sphere in the Age of the French Revolution*（Ithaca, N. Y.: Cornell University Press, 1988）; Carolyn Lougee, *La Paradis des Femmes: Women, Salons, and Stratification in Seventeenth Century France*（Princeton, N. J.: Princeton University Press, 1976）; Kingsley Martin, *The Rise of French Liberal Thought: A Study of Political Ideas from Bayle to Condorcet*（New York: New York University Press, 1954）; Peter Quenell, *Affairs of the Mind: The Salon in Europe and America from the Eighteenth to the Twentieth Century*（Washington, D. C.: New Republic Books, 1980）; and Chauncey Brewster Tinker, *The Salon and English Letters*（New York: Macmillan, 1915）。

29. M. Roustan, *The Pioneers of the French Revolution*（Boston: Little, Brown, 1926）。

30. Helen Clergue, *The Salon: A*

Study of French Society and Personalities in the Eighteenth Century (New York: Burt Franklin, 1971).

31. Palmer, p. 238.
32. Mona Ozouf, "'Public Opinion' at the End of the Old Regime," Journal of Modern History 60 (1988): S1—S21.
33. Lewis Coser, Men of Ideas (New York: Free Press, 1970), pp. 13—14.
34. Jürgen Habermas, The Structural Transformation of the Public Sphere: An Inquiry into a Category of Bourgeois Society (Cambridge, Mass.: M. I. T. Press, 1989). 特别是 pp. 32—34 and pp. 67—70。
35. Bauer, "Public Opinion."
36. Keith Baker, "Politics and Public Opinion under the Old Regime," in J. Censer and J. Popkin, eds., Press and Politics in Pre-Revolutionary France (Berkeley: University of California Press, 1987), pp. 233—34. 贝克认为，法国"公众"的概念出现于"旧制度"的最后数十年。当此之时，面临日益增多的政治冲突和步履蹒跚的君主制度，各类政治精英开始呼吁公众，把公众作为"抽象的权威"。
37. Coser, p. 20. 也可参见 Harold Routh, "Steele and Addison," in A. Ward and A. Waller, eds., The Cambridge History of English Literature, Volume 9 (Cambridge: Cambridge University Press, 1932), pp. 26—65. For a critique of coffeehouses, see Alvin Gouldner, The Dialectic of Ideology and Technology: The Origins, Grammar, and Future of Ideology (New York: Oxford University Press, 1976).
38. 关于选举的历史，请参见 W. Mackenzie, "The Function of Elections," in D. Sills, ed., The Encyclopedia of the Social Sciences, vol. 5 (New York: Macmillan, 1968), pp. 1—6。
39. Harold Gosnell, "Ballot," in E. Seligman, ed., Encyclopaedia of the Social Sciences, vol. 2 (New York: Macmillan, 1930).
40. James Bryce, The American Commonwealth (New York: Macmillan, 1891), p. 251.
41. Ibid., p. 263.
42. Ginsberg, The Captive Public.
43. 适用于大众传媒的接受理论回顾，参见 Robert Allen, "Reader-oriented Criticism and Television," in R. Allen, ed., Channels of Discourse: Television and Contemporary Criticism (Chapel Hill: University of North Carolina Press, 1987)。
44. James R. Beniger, "The Popular

Symbolic Repertoire and Mass Communication," *Public Opinion Quarterly* 47 (1983): 483.

45. Jane Mansbridge, *Beyond Adversary Democracy* (Chicago: University of Chicago Press, 1983).

46. 参见 T. Bender, *Community and Social Change in America* (New Brunswick, N. J.: Rutgers University Press, 1978); Christopher Lasch, "The Family as a Haven in a Heartless World," *Salmagundi* 35 (1976): 42—55; 或者 Richard Sennett, *Families Against the City: Middle Class Homes of Industrial Chicago, 1872—1890* (Cambridge, Mass.: Harvard University Press, 1970).

47. 开放式的提问是个例外,专业的民调人士偶尔会使用。

48. 关于 19 世纪的政治参与,参见 Michael McGerr, *The Decline of Popular Politics: The American North, 1865—1928* (New York: Oxford University Press, 1986)。

第四章　党派政治与模拟调查的符号运用（1856—1936）

　　尽管政治家们总是会在选举前试水公众舆论,但19世纪初期的政党工作者、政治家和记者们迷上了一种简略的量化民意测验手段——模拟调查（the straw poll）。每当大选变得更激烈、大众的政治参与加速扩张时,模拟调查便成为一种被普遍使用的工具,预测地方和全国的政治竞选结果。[1]这些"稻草"（straws）,就像媒体所声称的那样,能够让党派人士和记者对候选人在未来大选中的成功概率有初步感觉,但是模拟调查也同样会被用来抹黑竞争对手或提升某一党派内部普通人员的士气。从模拟调查中得到的量化数据最常用于政治辩论之中,作为公众舆论之性质的权威根据：19世纪中叶,调查结果常常被那些寻求意识形态立场正当性的记者、党派官员视为符号资产。

　　模拟调查是意见调查,通过口头或者笔、纸进行；这种调查被用于查明某一特定候选人或者政策的受欢迎度。尽管这样一些调查如今依旧能够寻到踪影（比如,由一些电台和电视台进行的听众来电直播节目）,但专业的民调人员、政治顾问以及记者们现在采用统计抽样,通过这种方式他们能更加准确地掌握大众情绪。[2]虽然这两种方法论——模拟调查与抽样调查——之间差异甚多,但是,模拟调查是现代民意调查的先驱。乔治·盖洛普普及了抽样调查,并就抽样调查在现代民主中的角色写了不少文章和书籍；他认为最早的模拟调查于1824年刊登在《哈里斯堡宾州人报》（*Harrisburg Pennsylvanian*）上。[3]然而,民意研究者汤姆·史密斯（Tom Smith）在对早期的模拟调查进行更为详尽的审核后揭示,这些模拟调查实际上是由党派工作者和普通市民来开展的。史密斯还注意到,1824年总统竞选期间进行的模拟调查对记者和普通公众来说非常有趣:这些模拟调查"激起了起码与20世纪中期的选前调查一样多的争议"[4]。

然而美国历史上最为著名的模拟调查,是由《文学文摘》(Literary Digest)在20世纪20年代到30年代间所进行的一系列调查。《文学文摘》在总统大选的竞选期间制作并且邮寄了数百万张选票,它的预测结果也被抱有极大兴趣的政治家和普通公众时刻关注。《文学文摘》的编辑们经常发表刊登在其他杂志和报纸(见图4.1)上的调查漫画,以此庆祝他们的调查所获得的成功和广泛认可。连续多年,《文学文摘》的调查进行得很成功,准确预测了1920年、1924年、1928年以

图4.1 刊登于《文学文摘》杂志1924年11月1日号上的一则漫画

及 1932 年的总统大选的获胜者以及投票的差额,但是却没有预测到 1936 年罗斯福击败兰登。由于对共和党选民的过度采样,《文学文摘》的编辑们预测兰登将会在选举中获得大胜,结果不得不在之后向它的读者们解释预测中犯的错误(图 4.2)。尽管《文学文摘》声称它会继续进行调查,但是 1936 年的调查却是它所做的最后一次模拟调查,次年就停止了发行。[5]

图 4.2 刊登于《文学文摘》杂志 1936 年 11 月 14 日号上的文章《模拟投票出了什么问题?》

有很多学者写到了在《文学文摘》代价昂贵的错误之后模拟调查的继续发展，但是20世纪30年代之前进行的无数次模拟调查却鲜少受到关注。[6]从19世纪20年代开始，报纸通常会刊登模拟调查的结果，读者们开始将这些数据当做新闻来看。本章将描述从"内战"到1936年罗斯福与兰登之间的对决这一段时期内，记者是如何在总统竞选报道中运用模拟调查的；其中特别有趣的是，记者和编辑们如何将模拟调查的结果编织到关于未来大选的报道中，编织到他们自身的政治意识形态话语中。但是，在转向19世纪的量化问题以及20世纪初期的政治新闻业之前，很有必要进行场景设置：我们先简短讨论一下报纸在19世纪中叶公众舆论表达进程中承担的角色。

19世纪美国的公众舆论、政治与报纸

从19世纪中叶起，公民、记者以及政党开始试验一些定量工具来评估公众舆论，但这一时期同样也标志着对公众情绪进行现代理论化的开始。对政治过程和公众舆论最全面的那些描述，是由两位访美人士所提供的——亚历西斯·德·托克维尔（Alexis de Tocqueville）和詹姆斯·布赖斯，两位都醉心于研究公众舆论在美国政治生活中扮演的核心角色；关于公众舆论的角色所带来的贡献以及问题，两人都撰写了不少文章。

托克维尔承认公众所具有的力量，并且表达了他对"多数人的暴政"的畏惧。他论证说："当多数人都心存疑虑时，会有人说出来；但是当多数人无可挽回地宣布时，每个人都保持沉默；不论是朋友还是敌人似乎都倾向于随波逐流。"[7]尽管多年后，布赖斯显示了对公众舆论相关问题的忧虑，但是他对此类表达在民主国家中的地位表现得非常乐观。最重要的是，布赖斯相信，在这个世纪末（指19世纪末——译者），报纸是公众舆论表达的核心机构。他注意到，报纸报道、规劝，并经常反映出人民的意愿。他写道：

> 报纸被公众所指望的主要就是它的（第三种）能力，即作为公众舆论的指针，作为公众舆论的镜子。这就是它首先致力于履行的职能；公众人物感到，顺从报纸，他们就是在安抚公众舆论本身，顺从

民意。要敬畏神明,你要学会如何怀柔神父。[8]

尽管当代报纸的读者人数稳步下滑,但报纸还是19世纪和20世纪初期美国政治话语的关键部分。或许,在这一时期内美国人生活的剧变——交通的变迁、生产过程的机械化、家庭生活的转型——帮助报纸成为一种固定可靠的信息来源。[9]正如许多学者所记录的,便士报的崛起、大发行量杂志的增长是导致公共领域话语扩张的部分原因。[10]莫顿·凯勒(Morton Keller)指出,19世纪的最后数年间,人们变得"不那么夜郎自大",急切寻求一些能够带领他们超越其社区边界的报纸消息。一些新兴的流行杂志首先在这个时期出版,这些杂志都有"富有启迪意义"的刊名,如《公众舆论》《人人》(*Everybody's*)、《大都会》(*Cosmopolitan*),为受过教育、善于表达的公众大声喝彩。[11]

关于客观性在什么时候,又是如何成为一项重要的新闻准则,学术界有着许多争论,但很清楚的是,19世纪中期的大多数报纸都有其明确的意识形态观点。如同莫特提到的,在记入1850年人口普查数据的报纸中,仅有5%可以被标注为"中立"或者"独立"。[12]事实上,迈克尔·舒登森(Michael Schudson)就认为直到"一战"之前,新闻界的意见领袖们并没有认真地设法解决政治偏见和客观性问题。他解释说:

> 直至一战后,当民主市场社会的价值自身遭到激烈的质疑、民主市场社会的内部逻辑被公开揭发之时,新闻领域以及其他领域例如社会科学界的领导者们才完全体验到民主和市场所鼓励的怀疑及怀疑主义。只有这时,作为对世界共同确认的声明、基于事实与价值观彻底分离的客观性理想才得以崛起。[13]

19世纪中期的新闻话语充满了党派意识形态,然而这些党派偏见在总统竞选期间尤为明显。

报道选举期间的公众舆论

19世纪中期典型的总统竞选期间不乏许多公开集会,这样,随着选举日的临近,记者总是能够找到有新闻价值的活动。集会、游行、竖旗杆,还有其他党派表达形式司空见惯。许许多多的事件被或简或详地进行了描述。[14]公开集会给新闻记者提供了一探大众情绪的机会,而记者们常常也在人们到达或离开政治会议时,进行模拟调查。

总体上,高选民投票率、对选举结果的浓厚兴趣是这个党派政治时代的特征。罗伯特·町金(Robert Dinkin)注意到:

> 不同于现在的情形,即很多的选民都是独立选民或者仅仅是名义上跟某个政治机构有联系,19世纪下半叶的这些选民感觉到对自己这一方作出了承诺。据估计,无论哪里,20%到25%的选民是积极参与竞选活动的。他们参加无数的党派集会,定期投票;那些年,全国选举的平均投票率达到了70%到80%,州选举的总投票率也紧随其后。[15]

因为有这么多的竞选活动,报纸有时候会保留版面,或者甚至给出一个定期专栏来报道这些竞选活动。比如,在《芝加哥论坛报》(Chicago Tribune),集会活动被放在标题为"人民运动"的栏目下面。报纸通常会有自己的记者来报道集会活动,但也包括了大量党派目击者所发送的报道,这些报道也描述各种政治集会。

报纸之所以不是简简单单地报道政治集会和模拟调查的结果,仅仅是因为记者们相信这些都是好的新闻源。此际的日报通常利用竞选集会的报道来推销他们所支持的有望问鼎总统宝座的人,同时攻击他们的对手。《芝加哥论坛报》在1860年支持林肯,报道说:

> 在道格拉斯演讲的现场,绝不会超过7000到8000人——一个棚屋都不满。失败的阴影笼罩着他们,寒冷也冻得他们直打哆嗦;11月确定无疑的惨败,作为出钱出力换来的回报,也让他们沮丧。道格拉斯先生的演讲也是他自己做出的艰难挣扎,他一生都未发表过一次优秀的演讲……第一次听他讲话的人听了之后,只会怀着失落与伤心离去。在有些人看来,他的演讲并不新颖,当他的演讲在进行的时候,这些人就在尽情地自娱自乐。[16]

强烈的党派偏见、广泛的草根政治活动都使得19世纪对公众舆论的报道显得尤为重要。记者对公众情绪的反映、对公众情绪的描述让报纸对选举结果进行预测,但同样也最有可能吸引读者。毫无疑问,19世纪人们对公众舆论状况的兴趣,即使不高于当代,起码也和当代相当;当代选举中,媒体、政治顾问以及公众都竞相知悉候选人的民调排名情况。[17]

19世纪50年代标志着美国政治中公众舆论表达的辉煌时期的开始。正因如此，研究公众舆论的历史学家们格外关注这一历史时期；这是一片开始纵深探索政治参与和政治话语的沃土。这些年中，党派报纸依然盛行，但党报将自己看作是人民的代理人，专司报道新闻。[18]一些学者认为，19世纪中期标志着新闻业由编辑向记者的转变，记者纷纷奔赴一线报道新闻。比如，黑兹尔·迪肯—加西亚（Hazel Dicken-Garcia）指出，记者署名在此期间开始日益频繁，主要是他们在内战中关键性的新闻采集作用。[19]她论辩说，以意见为基础的新闻业向以更多的事实、信息为基础的新闻业转变；19世纪60年代，新闻报道开始呈现出现代新闻的形式，因为记者使用"倒金字塔"结构，快捷、更加有效地告知读者。最终，到20世纪中期，报业获得了一定程度的自我意识，即自己作为公众舆论塑造者的角色。[20]鉴于19世纪50年代、60年代以很多方式标志着现代政治新闻业的诞生，我选取1856年的总统大选作为一个出发点，来分析三家重要报纸《纽约时报》（*The New York Times*）、《芝加哥论坛报》（*The Chicago Tribune*）、《芝加哥时报》（*The Chicago Times*）上刊登的模拟调查。[21]

作为党派话语的模拟调查

模拟调查活动自19世纪20年代以来就一直在进行，但它在19世纪中期的数十年间才变得非常盛行。比如，1860年林肯和道格拉斯的总统竞选期间，就进行了许多种类的模拟调查。一种流行的新闻战术是在轮船、旅客列车上对人们进行测验。以下是一则"模拟调查"报道，来自《芝加哥论坛报》的记者：

> 一次短途旅行，从希尔斯戴尔出发，周四到印第安纳州的戈申，在火车上进行了一次总统投票，下面是投票结果：支持林肯的有，368位男士、433位女士，总共796票[1]；支持道格拉斯的有，156位男士、60位女士，总共216票；支持布雷肯里奇（Breckinridge）

---

〔1〕 此处总价票数应该是368+433=801，但《芝加哥论坛报》的原文如此。——译者

的有 5 位男士、1 位女士,总共 6 票。林肯总共领先 574 票。[22]

1876 年选举期间,当旅客下车前往酒店过夜时,《芝加哥论坛报》的记者采访了他们:

一如既往

一辆乘载了约 200 人的短途火车从俄亥俄州的代顿出发,经过邻近小镇,取道潘·汉德尔铁路,于昨晚抵达。这些人住宿在商务酒店,加德纳的圣詹姆斯和鲁恩酒店。针对即将来临的选举进行了一次模拟投票,结果如下:海斯,65 票;梯尔登(Tilden),13 票;选择中立的,3 票;库珀(Cooper),2 票。[23]

在火车上进行调查对记者来说很方便,因为他们有采访任务,总是跑来跑去。可报纸还刊登了一些由读者投稿的模拟调查,这些读者自己也经常坐火车出行。以下是《芝加哥论坛报》1856 年的报道,说明了这种类型的模拟调查以及附带的"编者按":

提示性投票——一位来自纽约州的男士向我们提供了一份由他统计的投票结果,这份投票是在纽约中央铁路公司的四条火车线路上进行的。参与到投票中的人几乎都是纽约州居民。投票汇总如下:

佛蒙特(Fremont)	129
布坎南(Buchanan)	32
菲尔默(Fillmore)	50
佛蒙特领先	47

这份投票将相当准确地表明纽约州大众对待奴隶问题的情绪以及对各个候选人的偏好。[24]

一位游历甚广的男士在 1856 年的夏季游历东北部期间共对 2886 个人进行了计票。共有 23 项他乘坐火车时进行的投票刊登在了《纽约时报》上。此外,这位先生还提供了注释,说明这些数据是怎么汇编的以及数据中值得注意的规律。比如,他记录说:"受过教育的男性、大学教授、老师等人中,大约有八分之七是共和党人";"42 位福音派牧师中,39 位确定他们会投票给佛蒙特,1 位会投给布坎南,两位投给菲尔默"[25]。尽管会有例外,但记者和通讯员很少会试着把旅客的居住地、所属党派、族裔或性别跟他们选择的候选人联系起来：唯一重要的信息就是某个具体的个人计划投票的方式。[26] 1896年选举期间，一位铁路员工向《芝加哥论坛报》提供了一份调查数据：

> 约翰·J.伯恩斯（John J. Byrnes），南加州铁路公司的客运总代理兼审计师，他于昨天早晨到达芝加哥，在他乘坐的圣达菲列车上，有75位乘客是加州人。有人调查了远西区居民，其中布莱恩（Bryan）获得了15票。伯恩斯先生在来东部之前，调查了一家雇用1000个男人、位于洛杉矶的大型制造工厂，997人选择了麦金利（McKinley）。直到此次竞选，伯恩斯先生一直是民主党人，他确信麦金利将会获得加州的多数票。[27]

妇女的意愿也会被记者们计算进来，因而模拟调查的参与者不仅仅有潜在的选民。虽然一些妇女会在大选期间积极为候选人助选，但是19世纪的妇女在总统选举中没有选举权。尽管如此，有些模拟投票的文章会偶尔报道一些在火车上统计的女性选票数量，就像在本书前面提到的从希尔斯戴尔到戈申的火车上统计的票数一样。既然记者们暗示所有在火车或是轮船上的乘客都被访问到了，妇女很有可能也包括在调查之中。偶尔，报道投出模拟选票的"女士"的票数跟男性的票数分开。

为什么妇女不能在大选中投票却还会把她们包括在模拟调查中呢？有三种可能的解释。一种解释是因为记者们相信，她们的意愿会影响到她们的丈夫或者其他能够投票的男人。一些妇女确实积极参与选战，而且正如许多学者指出的，妇女在废奴运动、禁酒运动以及崭露头角的女权运动中发挥了主要作用。或许记者们正在认识到妇女在美国政治生活的正式场合之中以及在"非正式场合"中所发挥的影响。

第二种更为令人信服的解释涉及女性作为新闻消费者的作用。很有可能的一点是，妇女被记者们包含到模拟调查中，是因为她们代表了一部分报纸的读者；如果报纸想要在经济上获得成功，就需要取悦妇女。迈克尔·舒登森在写到关于19世纪80年代报纸的经济压力时指出：19世纪的商人越来越有志于诱导女性消费者到邻近商店或者百货商店中购物。[30] 广告是接触女性顾客的一种手段。实际上，普利策的《纽约世界报》（*New York World*）就会刊登针对女性的广告，采用各种专栏来刊登美容、时尚、烹饪以及其他传统女性感兴趣的内容。

虽然《纽约世界报》是1883年创办的,但该报在这之前可能就有意向来吸引妇女读者。或许,把妇女涵盖在模拟调查中就是这样一种情况:妇女被认为是消费公众的一部分,她们作为消费者(而不是选民)的角色允许她们能够进入模拟调查这样一个"准选举"领域。正式情况下,妇女还不是政体的一部分,但在某些情况下,当报纸的经济限制跟政治报道相互交叉时,女性被允许参与:模拟调查例证了这种类型的重合。

第三种将妇女包含在模拟调查中的解释立足于记者们的党派性以及专业动机。有可能记者们并不想要通过模拟调查来判定公众舆论。他们的直接目的也许只是想娱乐读者或者用模拟调查来作为他们倾心的候选人将会胜利的标志。也可能,记者是让地方的政党活动分子去决定这种严肃的、系统的"清点人数"工作,这些人更加关注精确的选举预测结果。

妇女团体、工人、地方商人、社交俱乐部成员以及拥有其他团体归属的人,一般来说不会坐等记者来调查他们对即将到来的选举的看法。公民们常常将各种数字化技巧掌握在他们自己手中,以确保自己关于公众舆论的数字话语的声音能够在报纸上被找到。这种类型的民调要比在火车上或轮船上进行的模拟调查困难得多:这种"来自民间的调查"并不是在陌生人之间进行的,而是在拥有相同的工作场所或在社群内的人群之间进行的。

"来自民间的调查"

1936年的选战之前,很多市民在总统竞选期间经常自行调查,并把结果发给《纽约时报》《芝加哥论坛报》《芝加哥时报》。调查是在药店的民众[31]、大学里的学生和教职工[32]、工厂工人[33]中间进行的。一场规模很大的投票结果刊登在了1916年11月5日的《芝加哥论坛报》上。这组调查包括各种各样、由读者——打字员、职业学校学生、农民和养殖场工人、家具厂工人、兄弟会、芝加哥禽类委员会的贸易商以及商业艺术家——寄过来的调查。[34]

有利于报纸所支持的候选人的调查结果可能会比那些不利的民调更有机会被刊载,尽管没有证据来证明这种私下的编辑决定。这些民调最有趣的方面在于它们显示了这些数字话语在美国文化中变得多么权威。民众似乎想要通过质化的手段(例如寄信给编辑、集会等)闯入政治话语领域,但也会采用量化手段。最有可能的是,人们相信一种"乐队花车效应":35 如果他们能够显示他们的候选人在准选举中表现良好,或许这个候选人就是总统这一职位的绝佳人选。来自1856年《芝加哥论坛报》的案例捕捉到这种思维方式:

> 在纽黑文市的《商务杂志》上看到一封工人的来信,这位工人在塞缪尔·科尔位于哈特佛市的手枪工厂工作。信中提到,某个部门工人们的政治倾向如下:佛蒙特,109 票;布坎南,37 票;菲尔默,3 票。这位工人说,这是一种非常巨大的意见变化,因为之前布坎南在这些车间中能领先 100 票。36

1856 年选举期间,《纽约时报》刊登了许多由当地俱乐部以及普通选民而不是记者进行的民调。9 月 5 日,下面这种典型的"模拟调查"出现了:

> 康涅狄格州伍德斯塔克美洲人理事会的主席已经分别了解了他的同仁们关于总统候选人的意见,结果如下:理事会的全体成员有 230 人。菲尔默,0 票;布坎南,3 票;佛蒙特,227 票。他说,选票的分布十分接近康涅狄格州东部的情况,他推测康涅狄格州西部也是这样的情况,但他个人的了解还是仅限于康涅狄格州东部。37

虽然这个理事会主席只是向他组织内部的成员进行了模拟调查,但他感觉他的人员"样本"可以代表一个更大的人口数。而《纽约时报》就像当时其他报纸一样,从来没有质疑过这些民调结果或这个主席关于康涅狄格州大众情绪的推测。

有很多刊登在《纽约时报》或者其他大型城市报纸上的、由民众设计的民调是首先由其他一些地区或地方报纸报道的。比如,1860 年,《芝加哥论坛报》转载了以下这个原来刊登在《印第安纳波利斯哨兵报》(*Indianapolis Sentinel*)上的调查结果:

重要的模拟调查

34位在亚当斯城（靠近威尔斯县）的德国人于1856年投票给布坎南，现在他们隶属于林肯俱乐部。这个地方今后会有多少人投票给共和党？结果不得而知，但非常肯定的是，这足以在结果上引起相当大的改变。[38]

报纸编辑通常在刊登模拟调查结果时，很少有关于模拟调查参与者的细节，就像下面这条刊登在1860年9月4日《芝加哥时报》上的短讯一样："一位通讯员从希比县写信给孟菲斯称，在那个地区所有的民主党人，除了1人外，都支持斯蒂芬·道格拉斯（Stephen Douglas）。"[39]

民众所做的调查与记者们所做的一样，最有价值的就在于其修辞的力量：很多调查被刊登的原因是这些民调反映了报纸中意的候选人之明确的、决定性的胜利。来自民众的数据资料被刊登出来，但通常会伴随着关于数据有效性或数据引人注目的评论。《芝加哥论坛报》对此类写作尤为擅长，并且在1856年选举期间报告了这样一条新闻：

老达特茅斯支持佛蒙特

在谈到达特茅斯的毕业典礼演练时，一位作家说：

一两位演讲人提到了佛蒙特并且立即获得了掌声，这反映了下面听众的情绪。这种变化好极了。6年前，300名学生中有26名学生无法接受韦伯斯特先生的《逃亡奴隶法案》（Fugitive Slave Bill）。现在这里仅有50名学生不是佛蒙特的支持者。

尽管洛德博士对中年人年龄歧视的影响正在削弱，但是老达特茅斯对于自由的人士、自由的言论和佛蒙特，依旧生机勃勃、温暖如初。[40]

一个多月之后，《芝加哥论坛报》转载了布法罗报纸上的一则新闻：

老年爱国者

《布法罗共和报》称，24位1812年战争的幸存者——养老金领取者——在周四拜访了阿提卡的养老金代理人弗汉姆（M. Furnham）先生，当时在场的一位先生询问了他们对总统一职的

偏好看法。投票的结果如下:

　　　　　佛蒙特,21 票

　　　　　布坎南,3 票

似乎这些为国家而战的战士依然站在了国家的这一边。[41]

许多类型不一的模拟调查出现在 19 世纪的中期和晚期,但当报社支持的候选人在模拟调查中显示大比分领先时,调查就会受到格外重视,就像这份《芝加哥论坛报》1860 年的模拟调查所证明的:

宾夕法尼亚州

　　一位通讯员写信给《纽约论坛报》称,一项对宾夕法尼亚州富兰克林县深入的调查显示:林肯在这个县将会获得超过 800 票的大多数支持。大量的选票从虚伪的民主党阵营转向共和党阵营。该州的其他地区也同样如此。[42]

报纸在报道模拟投票时常带有党派评论,通常还会采用一种幽默或者嘲讽的语调。1896 年,《纽约时报》发表了一篇读者提供的类似报道:

支持布莱恩(Bryan)、支持县监狱

写给《纽约时报》的编辑们:

　　上周四,在一辆向南行驶在特拉华和赫德森铁路的火车上,一位热情的鼓手在一节车厢里进行了一次时兴的模拟调查,以判定车上乘客的政治倾向。调查显示了 23 位乘客的分歧——18 位支持麦金利;5 位支持布莱恩。结果令人满意,但是好戏还在后头。当列车停靠在巴尔斯顿时,要下车的人之中,有 5 位布莱恩的同情者;那时,他们看上去是被铐在了一起,原来他们是被带到当地县监狱去关押的一群囚犯。

　　　　　　　　　　　　　　桑德·芒尼(Sound Money)
　　　　　　　　　　　　　　巴尔斯顿,N.Y,10 月 5 日[43]

虽然从 19 世纪中期一直到 20 世纪头 20 年,由普通公民自发组织的模拟调查一直很流行,但是 20 世纪 30 年代后,这种民调就不再出现。当《文学文摘》、乔治·盖洛普、埃尔默·罗珀(Elmo Roper),还有其他民调工作者以及新的机构开始接管对选民进行民意调查这一苦差时，刊登"来自民间的调查"的出版物大为减少。1936 年之后，大多数刊登在三家报纸上的民调都是由专业的民调人士或记者来进行的。来自《芝加哥论坛报》的一张卡通画（图 4.3）表明：对候选人、编辑、读者来说非常有趣的民调是由"专家"来做的——政治编辑、民调工作者、记者。1936 年之后，只有偶尔才能看到由公民自己实施的某则民调刊登在这些报纸上。[44]

图 4.3　刊登于《芝加哥论坛报》1936 年 10 月 6 日头版上的漫画。芝加哥论坛公司授权使用。

"来自民间的调查"的衰落

在引入了随机抽样调查之后,重要报纸对普通民众所进行的模拟调查几乎没有兴趣了。准确预测选举结果的能力比收集工人或邻居的意见变得远为重要。现在,这些群体可以通过运用统计程序进行抽样,因而,他们被"科学地"取代了。[45]新的民调要比过去的模拟调查精准许多。公民在公众舆论数字话语中的参与也由民调工作者"自上而下"地来加以照管。

有人会论辩说,随着"来自民间的调查"的逝去,也就失去了一类极为有趣的公众舆论的话语类型。许多由大学生、农民和其他人士来实施的模拟调查是他们了解自己所处环境的多种尝试。这可能是一种快捷、快乐的途径,在同一时间与邻人沟通、参与社会比较、参加"准选举"政治。也许民意调查的这种转变——从没有专业技术的记者与普通民众手中,转移到掌握抽样调查专业技术的人士手中——验证了米歇尔·福柯所论证的知识与权力之间的关系。

福柯强调说,权力只存在于支持性的、"真理"话语存在的地方。换句话说,内科医生、心理医生甚至学者都拥有权力,因为他们建立起了某种公众认可其正当性的真理及知识体系。福柯解释说:

> 在类似于我们的社会中,不,基本上在任何社会中,存在着多种多样的权力关系;这些关系渗透、刻画,并构成了社会机体。没有话语的生产、累积、扩散以及运转,这些权力关系自身不可能构建。没有某种具有真理性的话语经济,就不可能有权力的行使;真理性话语经济以这种联系为基础并通过它而运行。[46]

截至19世纪,量化已经成为一种用来描摹人口(比如,人口普查)的重要的"真理"话语。科学、统计学以及定量思维在西方社会获得了更广泛的认可。[47]社会问题同知识问题一样,也许可以通过这种或那种系统的分析而得以解决,这种观念已经根深蒂固;也正因如此,各色人等都采用这些定量话语,也就并不奇怪。

直到20世纪30年代,民众都能够使用这种正当性的定量话语,通过大众媒介维护他们自己的意见、态度,希望构建他们自己的公众舆论观念。然而,随着理性化以及常规化力量逐步推进,民众再也不能像民调人士那样富有效率地计算了。就普通公民而言,没有能力随机选取成百上千的个人样本,没有能力逐一调查总统候选人的偏好,没有能力进行必要的计算并刊登这些数据,所有这些都使得民众的自发调查毫不相干。到1936年,报纸更感兴趣的是抽样调查结果的准确性,而不是替那些希望发出自己意见的共同体与团体发声。

民调的符号运用

要判明19世纪典型的模拟调查的准确性,几乎是不可能的;因为被调查的地区与被界定的选区并不相符。在进行模拟调查的时候,这些投票可能会帮助当地的党派工作者、编辑以及民众普遍感受到,他们所在地区的居民在未来的选举中将如何投票。进行此类民调、参与此类民调以及阅读这些调查的结果也是一种消遣的方式:在19世纪中期,男士们从政治活动与政治话语的参与中获得了许多乐趣;在选举年,模拟调查是一种参与政治、政治交流的流行渠道。

既然模拟调查不是通过科学的方式进行的,也很少会重复,因而它们无法给选举结果提供确定性的证据。依附于参加竞争的某个党派的报纸,总能够找到有利于它们所支持的候选人的模拟调查。因而,这类调查非常有趣,不是因为其方法的运用,而是因为其符号价值。模拟调查在修辞上被视为是强有力和重要的,因为这样的虚拟投票给人一种印象,即受到拥戴的候选人将会赢得未来的选举。如果一个调查显示,某方的候选人在受欢迎程度上遥遥领先(即使在一个小型的公民群体中是这样),那么这个调查就会起到一种非常特殊的话语功能:它显示不光是报纸编辑或党派官员支持很有希望获胜的总统。模拟调查是田野报告,告诉读者:在政治信念上他们并不孤单;恰恰相反,他们所认可的候选人的支持者遍布各地。

当代政治家们采用同样的策略,试图让大众相信:他们的支持者很多;他们受到的支持要比表面上看起来的更加深沉。有个例证是理查德·尼克松的"沉默的大多数"理念——分散在全国各地的人民,往往不愿高声表达自己的看法。如同本杰明·金斯伯格所观察到的,尼克松运用民调数据来论证说,大部分美国人并不赞同20世纪60年代末70年代初的反战抗议者们:他们只是选择不在大街上或大众媒体上表达自己的意见。金斯伯格认为,关于"沉默的大多数"的数据与修辞是策略的一部分——逐渐动摇抗议者们的主张,让他们的主张失去正当性。

正像尼克松运用"沉默的大多数"理念来表明他的意识形态立场受到广泛支持一样,19世纪的模拟调查容许报纸去对那些未必在公开场合高声表达观点的选民的情绪进行推测。关于一般公众的投票意图,报纸没有具体的数据,但是报纸帮助其读者从报纸记者所拥有的少量证据来推断。许多典型的"编者注"要么暗示,要么直接明示模拟调查是公众舆论的代表。

20世纪30年代,"来自民间的调查"的消失和抽样调查的崛起是公众舆论史上的重要发展,因为调查能力远远地超过了公众本身。直到20世纪30年代,普通公民还能向报纸发送他们自己做的民调,但是在此之后,他们就再也无法参与到这种特定形式的符号交流之中。[49] 由于普通公民无法进行新式的抽样调查——抽样调查需要大量的资源以及统计学技能——与盖洛普、罗普以及其他民调机构更具权威性的抽样调查相比,公民的模拟调查看起来微不足道。

今天,总统、国会成员、利益集团还有其他想要获取政治利益以及公众支持的人士都会符号式地使用民意调查。然而,记者们却再也不以这种方式使用民调了,因为新闻业的规范自19世纪中期以来发生了巨大的变化。[50] 记者、编辑现在非常有意识地将民调结果作为新闻处理,尽管有时在新闻报道中为了强调某个主题会采用调查数据。民调可能会被报纸用来设置公共议题或者强调编辑认为十分重要的某一议题或问题。但既然大部分重要的报纸——包括在本章分析的那几家报纸——现在都力争显示其不偏不倚、无党无派,他们便不再如19世纪中期那样符号式地使用民意调查。

第四章 党派政治与模拟调查的符号运用(1856—1936)

注 释

1. 有关模拟调查的历史,参见 Tom Smith, "The First Straw? A Study of the Origins of Election Polls," *Public Opinion Quarterly* 54 (1990): 21—36;以及 Claude Robinson, *Straw Votes: A Study of Political Prediction* (New York: Columbia University Press, 1932)。

2. 关于抽样,有大量的方法论文献,介绍性的部分可参见 Charles Backstrom and Gerald Hursh-Cesar, *Survey Research* (New York: J. Wiley, 1981); Seymour Sudman, *Applied Sampling* (New York: Academic Press, 1978);以及 Leslie Kish, *Survey Sampling* (New York: J. Wiley, 1967)。要获知调查研究技巧提升方面更详尽的信息,可参考美国舆论研究协会的杂志 *Pubic Opinion Quarterly*。

3. George Gallup and Saul Rae, *The Pulse of Democracy: The Public Opinion Poll and How It Works* (New York: Greenwood, 1940), p. 35.

4. Smith, "The First Straw?" p. 27.

5. Michael Wheeler, *Lies, Damn Lies, and Statistics: The Manipulation of Public Opinion in America* (New York: Liveright, 1976), p. 69.

6. 要获得现代调查研究的历史知识,参见 Jean Converse, *Survey Research in the United States: Roots and Emergence, 1890—1960* (Berkeley: University of California Press, 1987)。

7. Alexis de Tocqueville, *Democracy in America*, ed. J. P. Mayer (New York: Anchor, 1969), p. 254.

8. James Bryce, *The American Commonwealth* (New York: Macmillan, 1894), p. 265.

9. 关于 19 世纪在交通、制造以及商品销售上的变化,参见 James R. Beniger, *The Control Revolution: Technological and Economic Origins of the Information Society* (Cambridge, Mass.: Harvard University Press, 1986);关于家庭生活变化的描述,参见 Mary Ryan, *Cradle of the Middle Class: The Family in Oneida County, New York, 1790—1865* (New York: Cambridge University Press, 1981)。

10. 有各种不同版本的新闻史,参见 Frank Mott, *American Journalism, A History: 1690—1960* (New York: Macmillan, 1968); E. Emery and M. Emery, *The Press and America: An Interpretive History of the Mass Media*

（Englewood Cliffs, N. J.：Prentice-Hall, 1984）; Michael Schudson, *Discovering the News：A Social History of American Newspapers*（New York：Basic, 1978）。

11. Morton Keller, *Affairs of State：Public Life in Late Nineteenth Century America*（Cambridge, Mass.：Harvard University Press, 1977）, p. 566.

12. Frank Mott, *American Journalism, A History：1690—1960*, p. 216. 尽管当代记者已经社会化了,避免跟政治党派、政治事业有明显的联系,但人们仍有可能坚持说,现代新闻记者拥有易于识别的政治偏好。关于新闻偏好或"倾向"的讨论,参见 Robert Entman, *Democracy without Citizens：Media and the Decay of American Politics*（New York：Oxford University Press, 1989）。

13. Michael Schudson, *Discovering the News：A Social History of American Newspapers*, p. 122.

14. 关于19世纪选举运动的大张旗鼓特性,参见 Michael McGerr, *The Decline of Popular Politics：The American North, 1865—1928*（Ne5w York：Oxford University Press, 1986）。

15. Robert Dinkin, *Campaigning in America：A History of Election Practices*（Westport, Conn.：Greenwood, 1989）, p. 62.

16. *Chicago Tribune*, 6 October 1860, p. 1.

17. 关于民调在当代美国政治中的作用,参见 chapter 6。

18. Schudson, *Discovering the News*, p. 17.

19. Hazel Dicken-Carcia, *Journalistic Standards in Nineteenth Century America*（Madison：University of Wisconsin Press, 1989）, p. 53.

20. Ibid., p. 48.

21. 为全面评估模拟调查,我从类型不同的三份报纸中收集选举报道。选择《纽约时报》,是因为该报自创刊以来就赢得了深入、严肃和高度平衡的声望（Mott, p. 280）,正如埃默里父子所写的,"《纽约时报》极少刊登人身攻击的文章,在笔调上,甚至在内容上都一贯保持公正,在发展仔细认真的报技巧方面也无人能及"（p. 153）。选择两份芝加哥报纸——《论坛报》和《时报》,是因为这两份报纸处于意识形态光谱的两端,都是中西部公众舆论的重要机构;在本文所研究的时期内,两份报纸都有很多读者。这三家报纸对总统竞选期间的政治议题往往采取不同的意识形态视角,可以提供一系列的政治话语。

《芝加哥时报》不是一份连续发行的报纸,该报1896年变为《时代先驱报》（*Times-Herald*）。为覆盖到1936年选举,我研读了《芝加哥每日时报》(*Chicago Daily Times*);为覆盖到1956年、1976年、1988年选举,我阅读了《芝加哥太阳时报》(*Chicago Sun-Times*)。《太阳时报》和《论坛报》是当时两份重要的芝加哥报纸。

为分析公众舆论报道的长期趋势,我以20年为间隔研究选举。1860年竞选之所以被包括进来,是因为这一年是美国政治史上的关键转折点;1988年也被包括进来,主要是为了对过去的竞选与近年来的竞选进行比较。

每一份报纸,我随机挑选7月1日到选举日之间的15天。只有《芝加哥时报》散乱的议题能够适合于1860年,这样我使用了在伊利诺州立图书馆可以找到的8个议题;1856年《芝加哥时报》的议题并不合适。另外,可以找到1856年《芝加哥论坛报》散乱的议题。所有竞选集会、会议、旅行、选举博彩池以及模拟调查都来自样本报纸。

22. *Chicago Tribune*, 7 October 1860, p. 2.

23. *Chicago Tribune*, 25 August 1876, p. 2.

24. *Chicago Tribune*, 15 August 1856, p. 3.

25. *The New York Times*, 13 September 1856, p. 4.

26. 值得注意的是,在选战期间进行模拟调查的并非只有记者。正如史密斯和其他人所指出的,政党工作人员、政党领导人进行了许多调查,以便知晓他们的侯选人在选战中的战位情况。随着美国步入20世纪,同时,党员身份开始衰落,政党顾问起而承担起选战管理责任,包括调查和拉票活动。关于19世纪美国中西部地区的政党基层工作,参见 Richard Jensen, *The Winning of the Midwest: Social and Political Conflict, 1888—96* (Chicago: University of Chicago Press, 1971)。要了解政治顾问活动、民意调查和选战管理,参见 Larry Sabato, *The Rise of Political Consultants: New Ways of Winning Elections* (New York: Basic, 1981)。1908年的选举被认为是第一次高度系统化的选战。有关塔卡脱如何组织选战,参见 Walter Wellman, "The Management of the Taft Campaign," *Review of Reviews* 38 (1908): 432—38。

27. *Chicago Tribune*, 11 August 1896, p. 4.

28. 关于政党政治中的女性,参见 Dinkin, *Campaigning in America*, p. 67; Mary Ryan, *Women in Public* (Baltimore, Md.: Johns Hopkins University Press, 1990)。

29. 参见 Ellen Carol DuBois, *Feminism and Suffrage: The Emergence of an Independent Women's Movement in America, 1848—*

1869 (Ithaca, N. Y.: Cornell University Press, 1978); Sara M. Evans, *Born for Liberty: A History of Women in America* (New York: Free Press, 1989); Mary P. Ryan, *Cradle of the Middle Class*。

30. Schudson, *Discovering the News*, pp. 99—100.
31. *The New York Times*, 6 November 1876, p. 8.
32. *The New York Times*, 17 August 1916, p. 10; *Chicago Tribune*, 22 October 1896, p. 3; *Chicago Tribune*, 14 October 1936, p. 3.
33. *Chicago Tribune*, 15 August 1956, p. 2; *Chicago Tribune*, 20 September 1896, p. 11.
34. *Chicago Tribune*, 5 November 1916, p. 3.
35. 参见 Dan Merkle, "The Effects of Opinion Poll Results on Public Opinion: A Review and Synthesis of Bandwagon and Underdog Research," paper presented at the meeting of the International Communication Associat-ion, Chicago, 1991。
36. *Chicago Tribune*, 15 August 1856, p. 2.
37. *The New York Times*, 5 September 1856, p. 3.
38. *Chicago Tribune*, 28 September 1860, p. 2.
39. *Chicago Tribune*, 4 September 1860, p. 2.
40. *Chicago Tribune*, 7 August 1856, p. 2.
41. *Chicago Tribune*, 17 September 1856, p. 2.
42. *Chicago Tribune*, 26 July 1860, p. 2.
43. *The New York Times*, 7 October 1896, p. 4.
44. 在1976年巴黎圣母队对阵南卡罗莱纳队的全球比赛期间,有人对观众进行了调查,其结果刊登在《芝加哥太阳时报》上。球迷们以3133张选票的压倒性优势,支持吉拉德·福特。福特的话也被引用:"我喜欢这种优势。"
45. 有关"草根"的准确性,参见 Claude Robinson, *Straw Votes: A Study of Political Prediction* (New York: Columbia University Press, 1932)。有关民调没能正确预测总统选举赢家的回顾,参见 Michael Wheeler, *Lies, Damn Lies, and Statistics*。
46. Michel Foucault, "Two Lectures," in *Power/Knowledge: Selected Interviews and Other Writings*, 1972—1977, ed. Colin Gordon (New York: Pantheon, 1980), p. 93.
47. 参见 Theodore Porter, *The Rise of Statistical Thinking: 1820—1900* (Princeton, N. J.: Princeton University Press, 1986)。
48. Benjamin Ginsberg, *The Captive*

Public: How Mass Opinion Promotes *State Power* (New York: Basic, 1986), pp. 66—67.

49. 注意到下面这一点很重要,即公民的声音仍然会刊登在重要报纸上,比如"街头行人"采访经常在报纸上出现。在此类报道中,几个人的照片刊登在他们的意见边上。也许来自民间的调查不再被认为是公众舆论,但此类调查演化成为"街头行人"这一报道类型。

50. 参见 Schudson, *Discovering the News*。

51. 关于传媒机构对民调的运用,参见 David L. Paletz et al., "Polls in the Media: Content, Credibility, and Consequences," *Public Opinion Quarterly* 44 (1980): 495—513。

第五章　国会议员、记者与意见评估(1930—1950)

19世纪,美国的记者、党派官员以及国会议员都发现了公众舆论定量化的价值:如果一个人想要弄清楚看似反复无常的公众情绪,模拟调查就颇有用处,而且这种调查的结果在修辞上也有用武之地。然而,20世纪的前几十年间,聚合意见的做法却变得日益复杂、问题频发。《文学文摘》在1936年犯下的错误导致人们对意见量化产生新的怀疑;政治精英们——想要与多变的大众态度并驾齐驱——开始质疑意见统计的有效性。对飘忽不定的公众情绪尤为感兴趣的两派人——国会议员、记者——都特别怀疑民意调查。用数字去描述公众舆论,在过去被证明是有用的,然而这些量化尝试也存有潜在的风险。鉴于即便最著名的民调人士对公众舆论的评估也可能存在缺陷,许多的报纸编辑、记者和政治家都在思考民调的可靠性。

20世纪三四十年代代表着公众舆论的表达与测量史上一个重要的过渡时期。三起事件——《文学文摘》民调1936年的马失前蹄、同年乔治·盖洛普的一举成名、1948年盖洛普等人又重蹈《文学文摘》民调的覆辙——迫使那些对公众态度感兴趣的人士对测量问题另眼相看。对在这个时期的政策制定者和记者来说,核心的问题在于:到底该如何评估公众情绪?更重要的是,如何才能确定对公众舆论的评估是有效、可靠的?本章主要探究在二战前后的数年中,美国的国会议员与有影响力的记者如何将公众舆论概念化,又如何测量公众舆论。这两类当事人都清楚与定量相关联的好处与问题,他们被系统的、"理性的"公众舆论评估技巧吸引了吗?或者,他们是否回避对公众舆论进行数字式描述?最后,在20世纪30年代至40年代工作的记者或者政策制定者会不会如同19世纪的政治话语所采取的做法那样,以符号方式使用定量数据?

几位学者已经详细说明了调查研究先驱们的努力——学者、民调人士以及市场研究者在20世纪30年代后为量化公众舆论所付出的努力[1],但不清楚的是,记者和政策制定者在寻求公众舆论方面的应用知识时是如何看待公众,又是如何评估公众偏好的。在本章的第一部分,我会讨论这个时期关注此事的某些社会科学研究,这些研究就记者和国会议员对问卷调查的态度进行了评估。本章也对议员们在参、众两院公开发表的,关于公众舆论量化作用的争辩进行了总结。接下来我会介绍一项研究结果,该研究主要探索了20世纪三四十年代国会议员与记者如何了解公众态度。大多数美国人——无论是否直接参与政治——对舆论调查的有效性均一头雾水,而议员与记者们需要解决这个问题,因为他们的工作依赖于有效的调查。我坚持认为,20世纪三四十年代不仅对专业的民调人士而言是关键年份,对于芸芸众生亦是如此,尽管他们与调查研究的"科学"发展没有关联。事实上,同那些资深研究者的做法一样,非专业的舆论评估人士的方法实践同样有趣;议员与记者都被量化研究方法的权威性吸引住了,但他们仍对这些数字的威力持有怀疑态度。最后我将讨论1948年声名狼藉的民调失败事件,当时几位大名鼎鼎的民调人士预测托马斯·E. 杜威(Thomas E. Dewey)将会登上总统宝座。

国会议员、记者与民调

在20世纪三四十年代的政治舞台上,有两类重要玩家——政策制定者和记者——需要理解公众舆论,他们对待民意调查都很谨慎。1936年《文学文摘》所做的模拟调查严重破坏了民调业在政治精英以及投票公众眼中或许曾经拥有的短暂的正当性。总体上,政策制定者们不愿相信这种新的评估公众舆论的方式,因为他们认为自己已经具备了有效测量公众情绪的技术手段;在此政治无常时期,记者与编辑们也抱有同感。

公众舆论研究中只有少部分文献涉及二战前后几年记者和全国

政策制定者对民调业的看法。几乎所有这方面的研究都是由熟悉民调活动的社会学家做的;他们的兴趣在于抽样调查如何在专业人士之间迅速地扩散。

20世纪三四十年代,很少有美国议员会在他们的选区或所在州内进行民意调查或者委托别人来做民意调查。温斯顿·阿利亚德(Winston Allard)1941年在《新闻学季刊》(*Journalism Quarterly*)上发表了一篇文章。他发现:美国议员对于民调的效用性五味杂陈。[2]虽然几乎所有议员至少偶尔会看一看全国性的盖洛普或《财富》(*Fortune*)的民调结果,但在受访的56位议员中,只有21位相信全国性的民调结果显示了他们所在州的公众态度;被问到如果他们在立法上不太确定如何投票的时候,是否会参考"一项很有名望的舆论调查"时,仅有20位议员回答会参考。

据卡尔·霍福尔(Carl Hawver)的研究:到1953年,438位众议院成员中只有48位议员运用公众舆论调查的技巧。[3]霍福尔曾在50年代为议员奥克利·亨特(Oakley Hunter)工作。他发现,年轻议员比年长议员更有可能使用民调;使用民调与议员在国会中的任期长短没有关系。议员和国会工作人员实施的调查很少采用随机抽样技术,而且在许多情况下,调查问卷上的问题都相当令人费解,很难对调查结果进行解读。霍福尔得出结论:在这一时期内,国会对选民所做的民调,更多是为了公共关系,而不是为了测量公众舆论;议员们相信,发放调查问卷有助于他们在选举期间与选民保持沟通,并且使得在华盛顿的议员代表的活动显得很风光。

迟至1953年,一位名叫沃伦·普赖斯(Warren Price)的新闻学教授曾经调查了部分报纸编辑与执行经理,他们同样对随机抽样调查持怀疑态度。[4]普赖斯发现,在这些编辑与执行经理当中,只有6%做过科学的民意调查。他注意到,绝大多数编辑没有受到民调的影响,并没有将其作为解读新闻事件的指南;绝大多数新闻人并不相信,在1952年总统大选前所做的成功民调能够"证明"民调确实有用;1936年与1948年的两次失败已经玷污了民调的名声。

对国会议员与记者的这些研究在范围上相当有限,但确实显示了这两大职业很少运用民调。研究者成功地回答了这个问题:记者跟议员使用"科学"的民调吗?然而研究者们却没有提问:这些职业人士实际上做了什么来评估公众舆论。既然这些职业人士未能使用新式的随机抽样调查,那他们到底是否对定量方法感兴趣?即使是V. O. 基在他的经典著作《公众舆论与美国民主》(*Public Opinion and American Democracy*)中也很少注意这个问题,他只是提到了议员用来评估公众情绪的一些方法。他总结说:"议员们收集意见的程序都没有系统化。"[5]

政治家们对抽样调查的不信任不仅明显反映在社会科学期刊的页码上,还表现在国会辩论中。国家议员们表达了他们对调查研究的三点广泛忧虑。第一点就是,民调方法论上存在缺陷。众议员皮尔斯(Pierce)是(议会)审查问卷调查的首个法案的起草者。他在1940年坚持说,民调工作者们没有在抽样中涵盖足够多的民众,所收集的公众舆论并不恰当。他还认为,普通民众也许不会对民调人士完全直言不讳,这使得民调的结果不可信赖。[6]

议员所提出来的另一种反对意见重复了沃尔特·李普曼对普通公民政治兴趣的怀疑。普通人能否以一种深思熟虑的方式思考复杂的政策问题?在1941年众议院有关民调的辩论中,议员柯蒂斯(Curtis)提出:

> 我们政府中存在的问题并非这么简单,一个人跑到街上,收集许多个"是"或"否",就能有正确答案。这些问题需要研究,需要进行长时间的工作。我认为,公共舆论调查不应该没有限制;甚至我并不认为当前允许进行民调活动的人是那些诚实、坦率、能干、可靠的人。除非我们做些事情,否则民调落在不择手段的人手中会成为一种威胁。[7]

在三四十年代的国会辩论中,议员们对民意调查引发的"乐队花车效应"担忧还非常显著,害怕这种效应会扭曲美国的选举过程。一些人担心,民调结果的公布会促使民众支持在民调中领先的候选人,而忽略他们自己的党派忠诚。

三四十年代国会对民意调查的许多讨论还直接或者间接地提到了《文学文摘》在1936年的调查。参议员奈(Nye)在1941年发起了一项参议院法案来调查全国民调业的实践,他说:

如此多的人接受此类(公众舆论)调查,认为它是公众情绪的真实反映,我却认为公众完全有权知道实施民意调查时所采取的谨慎措施。我们所有人都记得,就在几年前,有一家杂志一直在花钱做被认为是非常可信的调查,后来却不存在了,因为人们发现,这家杂志有一次调查根本不靠谱。[8]

如果议员与记者都担心新型抽样调查的不准确性以及由此带来的影响,那么这些年来,他们如何测量公众舆论?经过了1936年的那场失败之后,政治家和记者们对定量公众舆论的兴趣减退了吗?关于20世纪30、40年代,公众舆论史学家们需要知道的不是政策制定者和记者会不会进行民意调查,更为根本的问题是调查数字的权威性:当数字研究方法的价值面临诸多质疑时,这些人如何思考定量?又怎么使用定量?

本书的研究

为了理解20世纪30、40年代全国的政策制定者与记者如何估量公众舆论,我针对在此期间工作的美国议员与著名记者开展了一项研究。我从位于华盛顿特区的"美国前任国会成员协会"(the United States Association of Former Members of Congress)那里获取了一张前国会成员名单。从该协会的"成员名录"里面可以找到所有在1950年之前在国会中服务了部分或全部任期的国会成员。[9]

想要查找记者要困难得多,因为可能的人数十分庞大,再加上没有一份在那时工作的记者的确切名单,而且,我主要寻找的是那些对公众舆论的性质感兴趣的记者、编辑。为了得到一份满足这些研究条件的记者名单,我使用了两份书目资源:《美国名人录》(*Who's Who in America*)、《20世纪记者大全》(*Encyclopedia of Twentieth-Century Journalist*)。[10]

调查问卷寄给了241位议员与记者,目的是了解这些人在20世纪30、40年代,在重要议题上如何评价公众舆论。受访者得到了这样的保证:他们对调查的回答将会被保密——他们的名字将不会与他们的评论联系在一起。调查包含了开放性和封闭性问题格式,便于受访者在必要处对研究方法进行详细阐述。最初的问卷寄出几周之后,后续信件以及问卷的额外副本寄给没有回应的受访者。发出后续问卷一个月之后,我与10位最有趣的受访者进行了深度电话访谈。这些人曾是国会议员、记者,他们在问卷回答中特别描述了系统的、非系统的或别具一格的理解公众舆论的方法。

53位议员参与了此项研究,44位记者寄回了完成的问卷;国会议员的平均任期是17年,记者的平均职业生涯为40年,几乎所有的受访记者都在报社工作,尽管许多人在笔者感兴趣的时期之外,在新闻广播或者新闻杂志继续工作。整个样本中有7位女性,其中只有两位参与了本项研究。

鉴于在本项研究中我请求这些受访者报告他们几十年之前的一些做法,我特别担心他们长期记忆的准确性。尽管毫无疑问,这些担忧会给这项研究和其他口述史的努力造成困扰,我仍尝试要求被调查者详细地描述他们具体的做法,以克服这些问题。我还促使他们给我寄来一些剪报或其他记录,这些剪报或记录跟公众舆论评估有关,也许保存在他们自己的文件中。许多受访者乐于成人之美,寄来另外的资料,提供日期或有关他们策略的其他细节,或者附上长信。

公众舆论的重要性

本研究中的大多数受访者认为,评估公众舆论是他们工作中的重要一环。76%的议员以及57%的记者认为,在20世纪三四十年代,弄清公众舆论的本质对于他们而言,差不多甚或总是非常重要。两群人之间关于公众舆论重要性的意见分歧,可以解释为这些专业人士与公众之间的不同关系。想要继续留任的议员,发现自己要一直竞选,在非选举年也是如此。大卫·梅休(David Mayhew)早就提出,国会成员与他或她的选民之间的大多数传播,个人或者非个人的,来源于希望继续留任。[11]在回应我的开放式提问的时候,许多议员说,他们试图及时了解选民的情绪和意见。一位在国会任职38年的资深人士说,他评估公众舆论,通过"埋头苦干,不管我是否有对手;我总是会跑,仿佛我确实有个对手一样"。

表 5.1　公众舆论的重要性(对于 20 世纪 30、40 年代的国会议员与记者而言)

重要程度	国会议员	记者
总是重要	52.2%	42.9%
几乎总是重要	23.9	14.3
有时重要	15.2	23.8
很少重要	8.7	19.0
		(N=97)

注:本表中的数据以及下表中的数据来自对国会议员和记者的普查,而非抽样调查。

许多议员提到,虽然他们会用很多方法来评估公众舆论,但同样也依靠自己的良好判断。在回答如何评估公众舆论的开放式提问中,26%的议员解释道,在解决立法问题的时候,他们会有点儿柏克式:直觉上把自己当成民众的委托人。一位议员写道:

> 我感觉,我差不多知道,在特定议题上我选区内的"公众舆论"会是什么。我同样清楚,"公众舆论"可能改变,也的确突然地、频繁地改变。因此,我不会太担心这些。而且,我[同埃蒙德·柏克(Edmund Burke)一样]相信,一位代表的职责是按照他认为正确的方式去投票,而不是简简单单企图去反映大多数选民的短时的意见。

少数议员自称不用任何手段来评估公众意见,其中一位这么看待他的工作:

> 或许我受到了我的职业——医学的影响。医生假定,病人的亲属跟朋友需要病人恢复健康。人们不会问,他们(指病人的亲属和朋友——译者)认为什么样的步骤或治疗是最好的。我们医生的职责就是决定和施行适当的"治疗",或者,至少是最可能的(治疗)。

一位在参、众两院工作了 30 多年的议员说出了好几种机制,鼓励与选民沟通,但他也说:"我不觉得我仅仅依靠寄来的信件做决定;我发现,当反对某个议题的时候,写信的人会比同意某个议题的时候多。我通常会十分谨慎地研究、阅读、倾听,参加听证会,然后再投出我的一票。我按照自己的信念投票。"

大多数记者也认为在他们的工作中公众舆论是重要的,但还是有19%的人认为公众舆论不太重要。有些记者认为,评估公众舆论不是特别重要,其原因有三点:要么是他们认为,评估公众舆论并不是一个记者工作的一部分;要么是他们认为,公众舆论不是20世纪三四十年代期间的一个议题;或者是他们觉得,报纸的职责是影响公众舆论,而不是评估公众舆论。一位报道总统竞选、国会竞选超过30年的记者说,尽管有些新闻人在迎合公众舆论,但他做得最多的是试图影响舆论。另一位记者注意到,在20世纪40年代,"太多的记者放大自己的意见,太多的记者相信,大多数人也是这么思考。简而言之,我们确实凭着感觉作出判断"。

一位非常知名的记者提出,20世纪三四十年代的报纸忙于影响公众舆论,几乎没有时间清醒地评估公众情绪:

> 需要记住的是,20世纪30、40年代期间,大部分美国报纸自视为政治领袖和政治编年史,因而,大多数报纸找寻公众舆论是否跟发行人的偏见保持一致的迹象。举个例子,1936年,《芝加哥论坛报》专题报道了阿尔夫·兰登(Alf Landon)在芝加哥的竞选徽章(这些徽章由毛毡组成,剪成向日葵形状,徽章中间是兰登的照片)。另一方面,《芝加哥每日时报》则专题报道了正在寻找竞选徽章的学生人数,因为这些徽章是制作钢笔刷的理想材料——一把钢笔刷可卖一到两便士。……直到二战临近,报纸才对公众舆论的报道文章真正感兴趣(当然也有例外)。

他还举了芝加哥的另外一个例子:

> 我还记得另外一件事情。当时《芝加哥论坛报》设法找到一条街,这时候正值兰登跟罗斯福竞选……他们找到的这条街上胡乱丢满了罗斯福的竞选徽章,这样,他们拍了一张展现所有纽扣在地上的照片……当时支持罗斯福的《芝加哥每日时报》抢在前头,找来一条丢满兰登竞选纽扣的街,然后在报纸上登了照片。你看,你必须意识到,他们并不是在说谎或者是其他什么……但不管怎么说,当你想要引导公众舆论的时候,你是不会真正对公众舆论感兴趣的。

本书中的大多数议员与记者，在偶尔注意到他们自己在影响公众舆论中所发挥的作用的同时，对于尽可能以最有效率的方式评估公众情绪都非常认真。现在我们转向这些议员与记者评估公众情绪所使用的方法。在他们那个时代，抽样调查被许多人视为一种相当可疑的测量技术。

系统的定量方法

二战时期，很少有议员或者记者不采用几种办法来评估公众舆论。在民调方面，我的证据证实了之前的研究发现，这些专业人士很少进行科学的调查。表5.2显示，这项研究中仅有33%的议员进行过或者委托进行过任何类型的调查。

实际上，这些调查中的绝大多数是模拟调查，不会采用如今通常使用的科学的抽样方法。尽管议员们不清楚盖洛普和其他人正竭力完善新型的抽样方法，但是考虑到国会议员对权衡公众舆论这个问题的了解，本研究结果显示，议员们当时正竭尽全力尽可能地系统化、定量化。一位来自东北地区的著名议员在描述最大限度地努力评估公众舆论时，说明了这一点：

> 作为一位杰出的共和党人……我几乎每周都会被请到一些大型广播电台上就我反对参战的观点进行演讲，自然而然我变得在全国大名鼎鼎。但是我确实自费给我选区里的注册选民寄过可能超过十万张明信片……询问他们，究竟是支持参战还是置身事外。让我非常惊讶的是，不论在小镇还是在大城市，票数是10比1反对参战……我将此结果拿到了国会，对民主党人产生了非常大的影响，那些民主党人实际上反对参战，又迫于压力和罗斯福的宣传支持战争……毋庸置疑，（我的）调查对国会中的民主党人、共和党人产生了相当大的影响，而罗斯福总统知道，除非美国被袭击，不然他拿不到足够的选票来把我们拖入战争。

表 5.2　20 世纪 30、40 年代进行调查或委托调查的国会议员的百分比

进行调查与委托调查	8.2%
仅仅进行过调查	24.5
委托过调查	0.0
既未进行调查,又未委托调查	67.3
	(N=53)

　　根据本书的研究,三四十年代期间大约有三分之一的记者会进行调查或者挨家挨户地评估公众舆论。再者,虽然有一些记者提到,他们订阅了盖洛普的民调服务或者实际上使用了抽样调查,但是我的证据显示,在此期间其实大部分记者进行的是模拟调查。一位职业生涯的早期在西部,后来又到美联社工作的记者解释道:"我们使用的方法是在街头或邮局边截住路人。在三四十年代,大型商场还没建起来呢!"另一位在美国和欧洲从事了 39 年记者生涯的人描述了他在 20 世纪 30 年代为一家西部期刊工作时采用的调查方法。他被业主雇用来提高期刊的威望、增加发行量:"从来没有去过哈德逊河以西,我不知道在那边是什么情况。但是在做完了从欧雷卡到茵色尼卡的上门调查后,我确信,(这家期刊的)唯一希望在于继续它作为一份(专业)杂志的生涯。"

　　除了偶尔的模拟调查以及委托他人进行科学民调之外,议员与记者都使用其他系统的定量方法来评估公众意见。在本研究中,60% 的议员说他们会把关于特定议题的来信制成表格,以此来评估公众对这些议题的情绪;43% 的议员会把选民的来电制成表格;此外,26% 的议员事实上计算报纸和杂志上的社论,以发现社论如何在某个议题或者某个人上支持某一特定的立场。一位 20 世纪 40 年代在任的议员说,他琢磨在他选区内的全部 24 家报纸,并把它们在有意义的题目上按照"赞成"还是"反对"的立场进行分类,以此来获得一种对公众舆论性质的感觉。

表 5.3　将来信、来电和/或社论列表的国会议员的百分比

列表选民的来信或电报	59.6%
列表选民的来电	43.1
列表报纸或杂志的社论	25.5
	(N=53)

本书中的记者在系统化与定量方法上几乎跟议员一样。考虑到这些记者都是单干的,没有工作人员来帮助他们编码或把与读者的交流制成表格,这个现象令人惊讶。在本研究获得的样本中,49%的记者将发到他们办公室的信件或电报制成表格;23%的记者把有关重要议题的来电制成表格。有意思的是,26%的记者会花时间分析其他报纸或者杂志的社论,将这些社论按照立场进行分类,制成表格,以此来发现公众舆论。一位在"二战"前后为一家外国报纸工作的记者概述了那家报纸所开发的、确定公众舆论的复杂系统。

> 受访者:你瞧,当战争 1939 年在英国爆发的时候,差不多一个月后,(报纸)开始了。当时战争还被认为是假的,其实什么事都没发生。报纸建立了一个部门,谁当头儿我现在忘记了……是某人……我们就在报纸刊登:"请写信给我们,告诉我们你们有什么难处。"提出战争如何影响了他们的问题……"如果你需要帮助,请写信给我们。"……你会感到吃惊,因为我们收到了成百上千封信……它们来自被正在发生的事情搞得一团糟的读者以及对定量配给感到不满的读者,还有所有其他问题。后来,我们中的两三个人要被派遣出去……我们的工作也因战争而停止了……我正等着到外地去做战地记者,所以他们用我了,还有一个以前报道网球的记者。我记得,还有一个以前报道高尔夫的记者(大笑)……我们中的两三个人都到一间办公室,分析和整理这些信件。如果可行,起草一些回复;如果不行,就转给能够回复它们的人。
>
> SH(本书作者):这么说你会把信件收集起来,把它们放入通常的类别?
>
> 受访者:是的,我们会把它们分成不同的类别……
>
> SH:你会一直把你收到的信件做成表格吗?你会用这些数

据做什么?

受访者:是的。报道中会写到人们因为什么而感到担忧……这是一个每日专栏。

表5.4 把来信、来电和/或社论制成表格的记者的百分比

将读者来信制成表格	48.8%
将读者来电制成表格	23.3
将报刊社论制成表格	25.6
	N=44

一位为东部一家报纸报道白宫的记者,经常向白宫的官员索要白宫制作的来信表格,并且不时地会与议员们确认这些信件的特征。另一位报道参议院、国务院的记者说:在他工作的杂志上,"对各种文章的满意的、不满意的回应经常被考虑、制成表格"。他还提到,他发现这些列表很有用,可以"粗略地核对我的编辑判断"。

除了无数的信件、电报、来电以及社论之外,本研究中的国会议员、记者们还有其他评估公众舆论的方法。一位经常走访他的中西部选区的议员说,有时候他会在市民俱乐部或者其他团体面前请求对某个特定议题进行举手表决。另一位议员保存一份选区内的人员档案资料,并按照他们如何活跃、如何参与政治分成不同团体。这样他无论什么时候回家,都能拜访这些团体的代表:

我有一张3×5、大约250个(人)的卡片清单,我将他们分成了五个或六个团体……一直去拜访(当地报社的)编辑。我还有其他人,那是政治领导人这个类别——是非常积极地支持我的意义上的领导人(大笑),然后就以此标准类推,很随意地直到最后一个团体。

很多议员注意到,他们赢得竞选跟输掉竞选的差额数会帮助他们得到一种公众舆论的感觉,尽管很少有人觉得他们能等两年或六年来评估公众舆论。

除了计算信件、电报、来电还有社论之外,记者们也有各种测量公众舆论的技巧。两位记者说,当公众不同意他们或者他们的编辑所持的立场时,他们的不满会表现在取消订阅的数量、减少的发行量以及

赠券回收上。很多记者提到,他们研究选举结果,试图来理解他们所在地区或全国的公众舆论的特征。有位记者在其46年的记者生涯中大多数时间为一家大型都市报工作,40年代他是这家报纸的全国劳工记者。他经常会依赖"从街角与警戒线旁的访问中收集来的不科学的意见样本"。他说,以尽可能系统化的方式与那些参与劳工纠纷的民众进行交流,以此来评估公众与团体的意见:"在管理层跟劳工之间的力量冲突正在发生的地方,或者在罢工已经持续了许多星期的地方,在准备类似于罢工影响与社区态度的背景报道时,常常需要(挨家挨户)调查访问——有时是全面的,有时只限于工人与他们的家人。"

质化方法

议员、记者们也会用到许多质化的方法去评估选民跟读者之间的公众舆论,其中有些方法本质上非常系统,有些方法就很随意。

几乎所有的受访者(86%的议员、82%的记者)通过看报纸、杂志来获得对公众情绪的感觉。本研究中70%的记者说,为了快速评估公众舆论的目的,他们会到咖啡店、酒吧还有其他的公共场所去。

与自己的同事进行讨论,无论对议员(68%)还是对记者(80%)来说,都是最有用的评估公众舆论的质化方法之一。一位议员经常遇见来自他所在选区的同事,常常愿意与他们讨论公众舆论:

> 我们每周举办很多会议,与会议员有28人来自宾夕法尼亚州,也有议员来自特拉华州。有两位宾州的参议员受到邀请,通常会出席。会议专门研究即将出台的立法,对这些法案所产生的影响展开政治讨论,商讨尚未立法的种种问题。我们对日报和周刊上的新闻报道了如指掌。

谈到讨论和评估公众舆论,记者同样会依赖他们的同事。一位记者说道:

> E. W. 斯克里普斯(E. W. Scripps)在1900年前后建立报团(后来的斯克里普斯—霍华德报团)的时候,总会试着将他的工厂建在红灯区里面。有两点原因:(1)地价便宜;(2)离商业区近……E. W. 斯克里普斯并不像它听上去那么傻……这是以一种

速记的方法来表达：在我们的时代里，事情更简单、更人性化、更有条理。很大程度上，记者跟编辑可以简单地互相交流来保持"接触"。他们也可以与身边的人互相交流——包括妓女在内。

他接着说：

> 在我们那个年代，我们面对面地（而非电子式的）与其他人联系。住得近的记者有他们自己共用的"酒吧"。举个例子，在纽约州，在老的先驱论坛报大楼里，我们有"布力克"（Bleeck）、现在消失但当时闻名一时的"艺术家与作家"酒吧……阿岗昆（Algonquin）酒店的圆桌会议……还有俱乐部、Dutch Treat AA 制的聚餐（"文艺瓦尼斯俱乐部"）、咖啡馆，以及尽管闷热，却很热闹的世纪大厦。在波士顿，《环球报》《邮报》《纪录报》，还有赫斯特的报纸，一家挨一家地排在"报纸街"上……不管竞争多么激烈，总体上说，记者就是"朋友、邻居"。他们交换笔记，公众舆论就在"流传中"。

另一位资深记者赞同说，与同事商量、与同事的交往在20世纪30、40年代要比现在更普遍：

> 举个简单的例子，像记者俱乐部。现在大部分的城市记者俱乐部几乎被废弃了。在这儿（一个中西部城市）他们正人为地维持着一家俱乐部，基本上残留着最后一口气。他们遇到如此多困难的原因在于，在特定地区内不再有一群报社了。一度每个城市都有报纸（俱乐部）。比如，30年代我在费城工作的时候，《费城纪录报》（*Philadelphia Record*）、《费城问询者报》（*Philadelphia Inquirer*），还有《费城公报》（*Philadelphia Bulletin*）都相隔不远，"钢笔与铅笔俱乐部"就在它们中间。

议员、记者至今仍认为他们的同事是公众舆论的重要消息来源。本项研究中的几位受访者一直工作到了70年代、80年代早期，他们认为在更早的时期里，同事要重要得多。

公众舆论的"代理人"

本书中的大多数受访者会请一些人替他们评估舆论,这些人被设想为有点"接近公众舆论"。这些"代理人"的范围从学者、货车司机到列车员。通常议员或者记者都会定期拜访一个或者多个代理人,请他们帮忙评估公众情绪。有时候,这些代理人采用系统的方法,能够给议员或者记者提供某个特定议题上非常准确的人头计数。

本书中,53%的国会议员通过地方的党派工作者、党派官员,或者其他人来评估他们的家乡州或者家乡地区的公众舆论。大部分的议员与党派支持者保持密切联系,这样他们在竞选时就拥有强大的组织,也能够及时跟踪公共舆论。一位议员说他经常就公众情绪问题联系党派人士:"我会打电话或者写信给他们,请他们做一些非正式、非科学的民情调查。你不能经常做这样的调查,因为这会花去选民太多的时间。"

议员们使用的最常见的代理人就是"官方专家"——这些人的工作就是在公众舆论方面见多识广。官方专家包括劳工领袖、说客、教育人士以及其他人。在被问及如何评估公众舆论这个开放性问题时,17%的议员说他们会利用"官方专家"来了解意见气候。4%的议员说他们会利用"非官方专家"——这些人很了解公众舆论,但不会出于职业的原因去评估公众舆论。一位来自中西部地区的议员提供了这样的例子:

> "是否将农场主纳入社会保障计划"这一问题出现的时候,我已经在国会呆了有些年头了。(一位资深议员)……发现我是个地地道道的农场主。他跟我搭讪说,在他的委员会里没有一个真正的农场主准备好去回答这个问题,然后他问我愿不愿意帮他,我说我愿意。这样,我就变成了一个私人密使,为他和他的委员会做出那种决定。我把我的(中西部)选区作为这个问题的典型。这是一段非常有趣的经历……我召集了农场主,我熟悉很多农场主……在我的选区里,我可以轻易地从每个县里叫一个农场主出来作代表,我只叫我自己认识的。他们聚集起来(在一个城市里 3

到4次),与我所有的经验相反的是,当我要求这些代表们给我对这个问题的回应时,他们给出的答案几乎都是负面的,这让我很困惑。

记者们也提到了代理的事,可没有在开放性提问中涉及。11%的记者会向专业人士寻求帮助来评估公众舆论;5%的人会利用"非官方专家"来帮忙。一位在通讯社工作超过30年的记者说,专业政治家们通常会担任公众舆论专家:

> 举个例子,在选举年,(通讯社)自己会大费周章不仅调查全国范围内的报纸编辑与政治记者,还会调查州主席,甚至是县主席跟市主席。当然,这样的调查等于是对专家的调查而不是对公众的调查。这些专家中,有些人在评测他们地区内的趋势时,非常敏锐并且异常准确;其他人要差一点,这样,最后的调查结果近似于最好的情况。

有几个记者成功地利用公众舆论方面的非官方专家来为他们进行意见监测。一位30年代就开始报道总统竞选与国会竞选的记者说:"评估大选,我有自己喜欢的策略。我接近天主教会牧师,询问他们地区内的投票将如何发展,因为我知道大部分牧师热爱政治。我有一个最喜欢的主教,他从未错过任何一场选举。"

在本书中,一些记者注意到:城市政治首领所拥有的权力要远不及19世纪,但他们依旧是城市中的公众意见的绝佳消息来源。一位记者解释道:

> 受访者:在芝加哥、纽约、费城、匹兹堡以及波士顿这样的地方,你拥有城市机器。城市机器比我们所策划的一切要完备得多;城市机器使得各个社区比我们所策划的一切具有更加完备的组织化。在顶层,你有老板。老板拥有一个在他领导下的人员网络;这个网络负责城市里的不同事务,网络会监管一定数量的住户。这些监管住户的人是领导,会相应地拥有管理专区的专区队长。然后专区队长相应地会有街区监督员;有时候,如果有许多人居住你的大楼里,甚至会有大楼队长。然后就会有一条不变的信息流,从上到下,也从下到上,同时流动。

SH：那你会经常利用这些首领，将他视为公众舆论的消息来源吗？

受访者：会非常频繁，因为他们非常可靠。从某种程度上来说他们比民调更靠谱，因为民调只能告诉你当下的反应。现在，这些首领们已经跟选民建立了某种关系，靠这种关系他们就能预测出在某一些情况下的反应会是什么……现在，你能做得最好的就是进行一些人口学研究，仔细检查一些民调。麻烦就在于，那是静止的，你知道的，这在某种程度上是把社会冻结在某个地方。现在，首领了解社会是怎么运作的，不是只知道这个社会在哪里，而是知道社会是怎么运作的。

总的来说，城市首领是一个准确的、关于公众舆论的消息源。

受访者：还有，首领们都相当忠诚……是关于他们告诉你什么……一方面，他们不是意识形态的，他们到政治中，不是为了实施讨伐或者推进某项事业。他们之所以在那里，是因为这是能够衣食无忧的最佳路子……也因为如此，他们承担得起直言不讳。

特 殊 方 法

本书中，议员、记者都提到了几种探明公众舆论特征的较为随意的方法，这些方法和其他方法一起帮助他们，知晓民众到底在想什么。一位记者提到了一位朋友，同样也是一个极宝贵的消息来源——莱斯·比弗利（Les Biffle），"1948年开着辆快散架的福特游历了整个中西部，判定杜鲁门将会打败杜威"。比弗利对农场选票的兴趣同样被写进了政治科学文献中："……莱斯·比弗利，第81届国会参议院秘书，在1948年伪装成家禽商贩，带着装满一车小鸡的拖车游历全国。他精确地预言说：农场主将会投票支持杜鲁门，尽管民调公布的结果与他相反。"[12]

另一位1922年在纽约开始其职业生涯的记者说，"我认为我们通过看、听、读能够感知到公众舆论。政治记者从他们的消息源获取很多信息，这些消息源总是将他们的天线调到与选民一个频率。任何一个记者都会从消息源、国民、同事，甚至子虚乌有中探出点蛛丝马迹"。

一位议员特别重视将时间花在选区中，他参加农场大会以及所有的地方乡村集市，他说："我知道这听起来有点奇怪，但是，我自己以及其他我所认识的国会议员过去会在小镇或者市里面卫生间的墙上获取普通公众的想法。美国人的许多想法有时候会私下里写在卫生间的墙上。"

利用人的直觉

在回答开放式提问时，本研究中有26％的议员提到他们会依靠直觉与想象来工作。如同前面提到过的，有些议员用一种柏克式的方法来处理他们在众议院与参议院的工作，表现得更像是受托人，而不是代表。有些记者也同样这么认为：9％的记者说，他们碰到公众舆论问题的时候会用到自己的直觉，还有9％的人说他们"凭自己的立场"判断公众情绪。一位在海外度过大部分职业生涯的记者说：

> 20世纪30年代，我任职于纽约（一家大型报社）。我曾经设想过我的普通读者并且与之交流。作为一位（海外部门的）主管……从1946年开始，我设想在纽约地铁上的普通乘客们——他们为什么应该关心？我尝试着理解普通读者的想法，然后着手告知他们我所能告知的有关欧洲跟北美的一切。"公众舆论"仅仅显示了读者、读者的兴趣和偏见；这是逆向的出发点。我是怎么知道读者们的想法的？那只是我根据人生阅历的回忆罢了。

数字的工具式与符号式使用

评估公众舆论的传统方法（询问政党老板、时常出入于新闻"酒吧"或访问教区牧师）跟现代理性化的方法（计算信件、报纸社论的内容分析或民调活动）的结合标志着20世纪三四十年代这几十年是一个转折期。这里，我们能够看到一种有益的和平共处，即理解公众舆论的直觉技巧与现今高度规范化的概念与策略的萌芽之间的和平共处。

尽管19世纪的记者与政治领袖们随意地把定量数据编入他们的写作与演讲中去,但是到了20世纪中期,记者与政治领袖们却不太愿意这么做。抽样调查的诞生使得运用于19世纪的那种过分简单化的定量形式(比如,模拟调查)变得难以在公众话语中为人所接受:在《文学文摘》的错误以及调查方法取得进步之后,全国政治舞台上的行动者已经对公众舆论的定量方法获得了更为精致的理解,但是他们也害怕在公共论坛中随意地使用数据。在30年代,普通民众、政治精英以及记者们获知:他们缺乏资源去加入到最科学的民调形式中,但不管怎么说,记者、国会议员们都为了他们各自的目的而运用数字。

本章所概述的研究提供的证据表明,无论是在国会办公室与报社办公室,定量都是活跃的、适宜的。记者、议员们都对新的民意调查抱有怀疑,但他们还是被定量与规范化所提供的工具性优势所吸引。首要的是,数字化描述公众舆论帮助他们理解选民与读者的需求与立场。本研究中只有一小部分被调查者报告提到将数字作为公开辩论中攻击对手的"弹药"。

从某种意义上来看,20世纪中期的记者、议员要比一百年前的同行更加重视数字的威力:定量数据能够为你所用,当然,有可能这些关键的、具有权威性的数字也会拖累你。一次错误预测毁掉了《文学文摘》的名声,一个有缺陷的公众舆论观点也可能会毁掉一个人的政治生涯。

当政治动荡席卷欧洲时,当美国为战争做准备时,我们的公众舆论观念也在渐渐改变。专业民调人士开始提供定量数据,这些数据一直是美国政治话语的中心,但是记者、议员们(除了一些例外)却克制着,不随意地符号式运用意见统计。记者与政策制定者一如从前,对公众舆论的数据报告感兴趣,但是他们对这些数据的实际用途的关心要胜过对修辞价值的关心。

意见调查:1948年的历史转折

在本书中,有几位记者、议员提到了1948年总统选举之前民调组织所犯的错误。选举前几周,盖洛普、罗普、克罗斯利(Crossley)和其他大型民调人员都预测,托马斯·杜威会在选举日击败哈里·杜鲁门。在《财富》杂志10月号上,编辑刊登了罗普的预测,显示杜威将会以44.2%的得票率击败杜鲁门31.4%的得票率。《财富》的编辑确信民调结果是正确的,部分原因在于:重要的民调人员都预测杜威会赢得竞选。他们写道:

> 除非出现重大的政治奇迹,托马斯·杜威州长将在11月份被选为美国第34任总统。这样的结果来自埃尔默·罗普(Elmo Roper)最近几个月来第5次选前调查所提供的压倒性证据……本月提供的数据如此具有决定性,以至于《财富》杂志与罗普先生不打算在即将到来的总统大选前再做任何关于意见变化的详细报道,除非某些具有显著重要性的进展发生。[13]

罗普与其他民调人士都错误地预测杜威会胜利,而杜鲁门永远不会让他们忘记这一点。甚至在选举前的10月29日,虽然有民调人士的预测,但杜鲁门还是认为他会赢:

> 6000万人将会在11月2日的时候去投票。在我的脑海里,这只是个保守的估计……如果有6100万人投了民主党的票,那我们就很顺利。当这些人投票的时候,他们会把盖洛普民调扔到垃圾桶里——你看着他们!到了11月3日,将会有比1936年更多的民调人士面红耳赤;就在1936年,《文学文摘》说罗斯福不会当选。[14]

杜鲁门在位时,他一直在媒体发布会和演讲中嘲笑民调可疑的价值。与此同时,民调人士、学术研究共同体也在反思1948年民调错误的原因。[15]在经过诸多研究与讨论之后,民调人士意识到,他们在选举日之前过早地停止了民调活动:在关于杜鲁门的公众舆论中,发生了重要的"最后时刻"转变。一份1949年提交给社会科学研究理事会(The Social Science Research Council)的报告显示,"选前民调委员会"注意到:民调人员没有在选前仔细地检验他们的数据,没有花费足够的精力来考量"尚未决定如何投票的选民"的行为,在取样与访问过程中也犯了不少错误。[16]

1948年的错误对民调人士而言具有启发性,其中一些人此后继续为改进选举民调的预测能力而奋斗。调查研究方法上的多次改进使得民调相比1948年而言更加完善,我将会在第六章讨论这些变化。即使如今的调查——用于预测选举的调查、在非选举期间用于测量公众态度的调查——无疑比过去要好多了,但是民调的质量方面仍然存在相当大的变异。也因此,美国公众舆论研究协会(American Association for Public Opinion Research,AAPOR),一家汇集学术与非学术调查人员的专业组织,尝试尽可能地监控民调业的质量。

在许多情况下,提升调查研究的质量的努力已经很成功了,但是对于选前民调的准确性仍然存在不少质疑。在一项非常有趣的选前调查研究中,欧文·克雷斯皮(Irving Crespi)分析了各种方法,即自1948年以来,针对全国、州、地方选举的民意调查已经改变了的方法。他坚称,非抽样误差仍然是民调人士的严重问题。有时候,民调人员建立"特别的"研究方案,而不是按照调查研究文献中所提供的指导方针进行。克雷斯皮相信,民调人员通常在解释误差的时候,"会提到某一具体选举中的唯一性质,而绝口不提研究方案中的不适当性"。克雷斯皮对选前民调的现状忧虑重重,他注意到:"人们认为,在最近的将来,这些问题得到改善的希望渺茫。"这也是他全书的结论。[19]

尽管困难重重,但也不见得会再次出现1948年那样规模的预测错误。如此众多的(拥有不同程度的经验的)民调人员在总统大选前进行调查,因而,在各自的调查结果上,他们往往有一个相当数量的共识。民调人士将会永远记得1948年的失败,而像克雷斯皮这样的研究者希望,这些记忆会促使民调人士用一种严谨、审慎的方式来从事选举预测。

注 释

1. 例如,参见 Jean Converse, *Survey Research in the United States: Roots and Emergence, 1890—1960* (Berkeley: University of California Press, 1987).
2. Winston Allard, "Congressional Attitudes toward Public Opinion Polls," *Journalism Quarterly* 18 (1941): 47—50.
3. Carl Hawver, "The Congressman and His Public Opinion Poll," *Public Opinion Quarterly* 18

(1954): 123—29.

4. Warren Price, "What Daily News Executives Think of Public Opinion Polls," *Journalism Quarterly* 30 (1953): 287—99.

5. V. O. Key, *Public Opinion and American Democracy* (New York: Alfred A. Knopf, 1961), p. 421.

6. W. Pierce, *Congressional Record*. 77th Cong., 1st sess., 1941. Vol. 87.

7. C. Curtis, *Congressional Record*. 77th Cong., 1st sess., 1941. Vol. 87, 3945.

8. G. Nye, *Congressional Record*. 77th Cong., 1st sess., 1941. Vol. 87, 4865.

9. 20世纪30年代或40年代任职的77名成员登记在名录中。不是所有的前成员都属于这个协会，但该组织能够提供另外59名尚未出版的前国会成员名单。在1988年，也就是本研究进行的这一年，有7位国会成员在20世纪30年代或40年代任职。在我感兴趣的年限任职的143名国会成员与前国会成员中，有13人找不到地址。最后的研究样本由130名现国会成员和前国会成员组成。

10. 我用"Who's Who"电脑数据库，找到了21位在20世纪30年代或40年代任职的记者或编辑；从《记者大全》中得到90位在这个时期工作的记者名字。专门从事公众舆论无足轻重之类主题的记者，比如科普作家、问答专栏作家、从未为美国报纸或杂志工作的记者以及无法找到地址的那些记者全部从本研究中剔除。这样，最后的记者与编辑样本一共有111个人。

我汇编的议员名单是对在我感兴趣的时期任职的国会成员的普查，而记者样本就有所偏好。我主要关注那些富有影响的记者的实践，因而这个群体包括很少量的籍籍无名的记者或仅有短暂职业生涯的记者。

11. David Mayhew, *Congress: The Electoral Connection* (New Haven, Conn.: Yale University Press, 1974).

12. W. E. Binkley and M. C. Moos, *A Grammar of American Politics* (New York: Knopf, 1958).

13. "The Fortune Survey," *Fortune*, October 1948, pp. 29—32.

14. Harry S. Truman, *Public Papers of the Presidents of the United States* (Washington, D. C.: General Services Administration, 1956), p. 920.

15. 有关1948年民调失败的原因，参见 Lindsay Rogers, *The Pollsters: Public Opinion, Politics, and Democratic Leadership* (New York: Alfred A. Knopf, 1949); Frederick Mosteller et al., *The Pre-Election Polls of 1948: Report to the Committee on Analysis

of Pre-Election Polls and Forecasts (New York: Social Science Research Council, 1949); Norman Meier and Harold Saunders, eds., *The Polls and Public Opinion* (New York: Henry Holt, 1949); 或者，更新近的 Hugh Hardy, ed., *The Politz Papers: Science and Truth in Marketing Research* (Chicago: American Marketing Association, 1990)。

16. Mosteller, *The Pre-Election Polls of 1948*, pp. 290—315.

17. 有关披露民调方法和结果的AAPOR标准，参见该组织 *Certificate of Incorporation and By Laws* (Princeton, N. J.: AAPOR, 1986)。

18. Irving Crespi, Pre-Election Polling: Sources of Accuracy and Error (New York: Russell Sage, 1988), p. 171.

19. Ibid., p. 184.

第六章 当代公众舆论研究

19世纪到20世纪,报社记者、党派工作者以及政治家对读者与选民进行民意调查。这些群体仍在进行或购买数量庞大的民调与其他测量,但最近几十年增加了许多其他群体。如今,政治顾问公司、利益集团、市场研究人员、电视网每年都举办或赞助大量复杂的调查。在电脑技术的帮助下,加上一些方法的训练,个人与组织都有能力去询问公众成员的政治观点、购物习惯、生活方式。

许多学者、商业民调人士和商业作家都出版书籍和文章,记录下自20世纪30年代盖洛普和其他民调人士进行早期民调以来,民调活动和调查研究的变化。关于民意调查的历史著述颇丰,而关于调查研究方法的著作同样浩繁,以至于从事民意调查研究的专业人士和业余研究者常常被淹没于这些浩瀚的历史文献之中。本章意图探讨一部分著作,以便完善自第三章开始的意见评估的编年史。通过总结记载在公众舆论文献中的民调发展,我希望能够提供关于近代公众舆论研究的清晰画卷。

直到现在,本书的论证主要集中在民调上——特别是大选之前的民意调查。19世纪,刊载在《芝加哥论坛》《纽约时报》这些日报上的模拟调查都是由记者与忠实的党派工作者为预测选举结果而进行的。在第二次世界大战前后那几年,记者与议员们所进行或者使用的调查也常常是选举民调。本章将讨论选前民调,但同样会专心于调查研究。和学界一样,商界的许多调查也关注选民的态度、信仰以及价值观——不仅仅关注投票偏好。一些对公众信仰有兴趣或对改善调查方法有兴趣的研究者会设计很长的调查问卷,涵盖了开放式提问与非开放式提问。类似的许多调查包括实验性问题,研究者希望能够找到更好的办法去探究受访者的心态。类似的研究比典型的选前民调要困难许多,后者只要提问受访者"他或她计划如何投票""他或她在选举日那天到投票站"的可能性。在典型的意见调查与深度调查之间,除去在内容上、(通常)方法上的差别之外,简短的意见民调与选前民调通常会在严格的时间限制下进行。在"波斯湾战争"期间或1991年克拉伦斯·托马斯(Clarence Thomas)在最高法院的提名听证会期间,民调人士被迫快速地进行他们的研究——通常只有几天时间。在这些类型的议题上,民意调查必须要及时地完成,不然就会失去它们的新闻价值。

本章第一部分将聚焦于简要讨论那些在选举期、介于两次选举之间使用民调的组织。尽管很多民调是由商业民调人士以及市场研究人员完成的,但此处将集中于大众传媒、政治党派、候选人还有政治顾问所使用的民调。在概述不同的机构如何使用民调之后,本章将集中于调查研究以及民调中一些重要的方法论问题。我回顾了一些学术性调查研究者在最近所获得的见解,以及由他们开发、用来处理不断变化的社会与政治环境的技巧。最后,我将讨论数量较少但相当有趣的调查研究文献:美国人对待民调活动的态度,或"对民意调查的民意调查。"

民调与大众传媒

本书不少篇幅讨论记者所进行的民调以及调查研究,因而对当代民调业的讨论也从新闻组织开始。正如詹姆斯·布赖斯在《美国联邦》中所指出的,记者有助于塑造公众舆论,但他们也会尽其所能来尝试评估大众情绪。记者们一直对评估公众舆论感兴趣,这是因为在一个民主政体里,公众舆论很重要——公众舆论就是新闻。对公众舆论的严密评估可以帮助编辑考量公众想要听到或读到什么,并因此而形塑新闻内容。另外,人们喜欢阅读或者听到关于公众舆论的新闻,意见调查也使得大规模的社会比较成为可能。

记者早就发现他人所提供的民调数据非常有用。在19世纪,他们报道由志同道合的党派读者所寄送给他们的民调。到了20世纪,新闻组织经常订阅民调服务,并且持续地刊登或者播报由他人收集的关于公众情绪的数字。然而,在最近的几十年,一些新闻组织建立起它们自己的内部民调机构。两位新闻学教授——戴维·韦弗(David Weaver)与麦克斯·麦库姆斯(Max McCombs)提出:记者最早开始对社会科学方法感兴趣是从20世纪30年代开始的。[1]在社会科学下设置了首个新闻学培训项目后,很多大学创办了新闻学的研究生项目,这些项目的研究者接受社会科学的学术训练。据研究者迈克尔·瑞恩(Michael Ryan)的调查,到70年代晚期,77个新闻学硕士项目中,61%的项目规定了一门量化研究方法的课程。[2]

菲利普·迈耶(Philip Meyer),以前是记者,现在教授新闻学,他普及了"精确新闻学"这个术语,用于描述记者、编辑如何能够运用社会科学技巧的方法。[3]他于1973年出版了《精确新闻学》(*Precision Journalism*),这本书影响深远,在新闻学院中拥有广泛的读者。在书中,他认为记者应该充分利用社会科学的发展,量化工具在报道新闻中非常有用:

> 社会科学可以通过两种途径帮助我们……社会科学在许多领域的发现提供了一种对传统智慧的持续审核。仅仅密切关注和查明社会科学家们正在做什么,我们可以为自己省去不少麻烦,省去不确定性和错失的良机。更为重要也更为直接的实用价值在于,我们可以去追随他们这样的榜样,同时丢掉哲学家的扶手椅,放弃这样的观念,即某些事实与常识就能使任何问题迎刃而解,把黏性的、高性能的研究技巧变成我们手中的技巧。[4]

像新闻学课程一样,新闻机构以调查研究和民意调查的形式,持续采用社会科学的方法。日报、电视新闻节目涵盖了形形色色的有关民调与调查研究的报道。1980年,戴维·帕尔兹(David Paletz)与一个研究团队进行了一次内容分析,目的是探究媒体如何使用民调。他们发现,在3个非选举年期间,《纽约时报》刊载了380个民调;在同样的时间里,NBC和CBS的夜间新闻节目也一直在报道大量的民调——数量分别是83和40。[5]迈克尔·特劳戈特(Michael Traugott)与罗伯特·鲁希(Robrta Rusch)研究媒介中民调的扩张,他们分析了由《纽约时报》在1980年、1984年、1988年总统大选年中报道的大量民意调查，发现在每次竞选期间被报道的民调的绝对数量都增加了；引用民调一般是报道文章的一部分，这些文章强调竞选策略和"赛马"。[6]

尽管美国每年所进行的政治民调的数量没有明确报告，但是媒体要负责生产和推广许多数据。一些全国媒体联合起来进行民调（比如，《纽约时报》/CBS 新闻民调或者是 ABC 新闻/《华盛顿邮报》民调），还有很多民调是由地方新闻机构来完成的。艾伯特·坎特里尔（Albert Cantril）认为，尽管在最近的几十年里，民调数量不断增加，但1988 年的大选期间民调似乎"无处不在"。许多媒介渠道都用到了一本名叫《热线》（*Hotline*）的出版物——选战的每日报告，是一本州和地方民调的汇编。实际上，州和地方民调一般被全国性新闻机构所忽视；1988 年之所以获得关注，也是因为这份《热线》。但全国性新闻机构对《热线》的依赖是有问题的，因为《热线》省略了许多方法上的数据，而这些数据恰恰能够帮助消费者评估民调的可靠性。[7]

媒体中数量庞大的民调塑造了美国当代新闻业的特征。尽管我会在结论章节中探讨民调与量化对民主交流的影响，但在此应该指出的是，有很多记者担心民调在媒介中所占据的主导地位。在最近的一篇论文中，菲利普·迈耶报告说，许多依赖民调的新闻机构，让他感到"不安"。有时候，记者、编辑因为他们可能在大选中造成公众舆论的"乐队花车效应"而感到内疚，尝试减少这些感觉到的民调影响。报纸以及电视新闻广播在报道民调结果时采用这样的方法，即他们"试图隐瞒"数据的精确性：

> 比方说，当《纽约时报》去年 11 月报道盖洛普公司最终的民调结果时，它删去了盖洛普机构的基本预测——布什会在两党投票中获得 56% 的选票而获胜，只是报道了能够显示"尚未决定（如何投票）"的那部分不太精确的数字。《今日美国报》采用了高登·布莱克（Gordon Black）的直接预测，在头版用一张图表显示 55% 的人支持布什，但没有在与图表一起的报道中提及预测结果，而是强调选民中的"倾向者"与"尚未决定者"。这三家网络化的民意调查都没有尝试给出"尚未决定"的选民的发布情况。[8]

比尔·科瓦奇（Bill Kovach）是《纽约时报》在华盛顿分部的编辑。

他认为,民调对记者来说很有用处,但在很多方面上也是有问题的。民调造成了"赛马"式的报道,这过早地在选战中将候选人从竞争中排除出去。此外,许多媒体机构在它们内部的民调活动上投入了大量的资源,经常会无视其他民调人员的结果。这可能是危险的,因为那些其他的民调结果可能会与报纸自己的民调结果不同。科瓦奇想知道,是否媒体与他们的民调一起为公共辩论创造了议题:"会不会有这样一种危险?"他问道,"其他的观点、议题以及办法都被排挤出去了,然后采用了一个不完整的议程?"[9]事实上,大量来自记者与其他人士对媒体运用数据的批评声音,集中于媒体如何报道数据上。传播复杂的调查结果的困难、记者们缺乏恰当的量化方法培训、没有批评性地报道民调数据,所有这些都受到相当大的关注。[10]记者可能有时候会符号性地使用民调数据,像19世纪那样,但是当代民调报道中真正的问题在于对数据的错误解读。在结论一章笔者会按照民主理论再来讨论这些问题。

政治党派与民意调查

在19世纪,政治党派对选举中的候选人很关键。党派会让它们的忠诚人士前往重要地区拉票,而这些拉票的结果通常会刊登在报纸上。无论过去还是现在,党派能够动员起竞选工作者给候选人募集资金、鼓励选民投票、说服选民给特定的候选人投票。候选人经常强调或者弱化他们与党派间的联系,这取决于他们个人的意识形态或者他们的党派在全国层面上所感知到的力量。尽管有证据表明,候选人与他们的党派之间日益趋向分离,大党普遍地弱化,但党派组织仍然在选举中起着重要作用。[11]

除了帮助候选人计划他们的竞选策略或者提供技术支持以外,美国的政治党派向所有的公职谋求者提供民调数据。几家党派机构,包括共和党全国委员会(RNC)、全国共和党参议院委员会(NRSC)、全国共和党国会委员会(NRCC)、民主党全国委员会(DNC),向候选人分发民调数据。这些组织允许候选人以非常低廉的价格购买民调,这样,野心家们就可以根据调查结果来统筹竞选战略。[12]

有时候,大型政党会采用非科学的民调,再加上直接邮寄来募集资金。赫伯特·亚瑟(Herbert Asher)在其《民意调查与公众》(Polling and the Public)一书中说明了两种这样的邮件——一种来自共和党全国委员会(RNC),另一种来自民主党参议院竞选委员会(DSCC)。RNC 和 DSCC 使用包含着潜在捐赠者的姓名、地址的数据库,向受访者询问了各种各样的问题,同时征求捐款。[13]这些民调,类似于民众从国会议员、参议员、州众议员处收到的民调,并不是科学的随机抽样民调的一部分。这些直邮的首要目的是募集捐赠,而不是测量公众舆论。对于评估公众舆论,党派则热衷于那些重要民调人士所采用的科学民调方法。众议员、参议员、政治党派很少配合募捐努力,发布收集来的数据。他们不发布这些数据,要么因为他们从未分析过这些数据,要么因为他们清楚这些样本不具有代表性。

由全国党派组织、利益集团所进行的非科学民调值得分析,即使它们得出的数据不太可靠。在此情形中,那些负责设计直邮广告的人,似乎对当下政治气候中民调的地位有着远见卓识。在向公民要钱之前让他填一份调查问卷是一种参与技巧:这里有个假设,即民众享受填写调查问卷的乐趣,这个做法让他们感到仿佛正在参与政治过程。在亚瑟所举的案例中,潜在的受访人被告知:他或她对调查问卷的回答,媒体与国会成员都能看到。募集的潜在信息就像这样:"我们想要你的钱,但是你的意见对我们同样重要。事实上,你的意见非常重要,所以我们会先问问你的意见,然后再向你要经济上的帮助。"即使人们不能给予实质性的捐献,却也可能会给一点,然后对这个党派产生好感——似乎这个党派很在乎他的观点。

在整个美国政治史上,民调被符号式地用于操纵选民的行为,但是在直邮广告中出现的非科学民调就是一个新鲜事物。许多针对民调活动进行写作的人担心,照此发展,公民可能将非科学的民调等同于更严谨的民调。一些研究者相信民众日渐对填写调查问卷感到厌烦,他们担心这些"假"民调将会毁掉进行科学民调的机会。不过,党派确实购买并且进行大量的随机抽样调查,以便了解选民在行为上的细微差别。候选人对这些调查的兴趣大得多。

全国性的党派组织会提供两种民调服务:从知名的商业调查研究

公司那里购买民调;某些党派组织内部具备民意调查的能力。党派利用民调数据来分析投放广告的成效、估算党派主动性的影响、决定该如何使用资金。[14] 这些组织会以低廉的价格向候选人兜售调查数据,或者直接在竞选策略上提供建议,而不会提供相关调查中的原始数据。有时候,还会提供给候选人追踪民调的结果——每晚或每隔几天,采取小样本的受访者进行民调。[15] 追踪民调在特定的竞选期间特别有用,因为它们提供的是按照时间先后次序排成的数据,有助于策略家们评估哪些战术"有用"、哪些战术"没用"。

就像很多政治分析师所注意到的,共和党比民主党组织往往给自己的候选人提供更多、更好的服务。保罗·恒尔森(Paul Herrnson)指出,共和党帮他们的候选人评估公众舆论,还帮他们分析这些数据、有策略地使用这些数据。恒尔森对候选人与全国党派组织之间的关系的研究揭示,组织的庞大资产使共和党人能够以低价向候选人提供更多的调查数据。除此之外,共和党全国委员会(RNC)"为许多州一级的党派提供电脑系统,这一系统可以用于研究投票模式、分析调查数据、储存选举资料的巨大汇编"[16]。

全国性政党与它们支持的候选人发现,调查有巨大的工具价值。民调不仅有助于评估公众对议题的态度,还能评价候选人的人气。党派总是处于公众与特定候选人之间,因而也就毫不奇怪党派会如此认真地对待意见测量。在 19 世纪以及 20 世纪的很多时候,党派领导担负起评估公众舆论的任务。就像我为了第五章的内容访问过一位记者,他曾提到党派老板能够准确说出他们地区的公众舆论,是因为他们对选民的需求了然于胸。党派正在进行民意调查这件事说明了理性化过程如何影响到选举进程中的这一特定维度:党派组织不断地寻找新途径来使用民调、选民数据库、电脑技术、直邮广告以及其他此类的策略工具。

民意调查与政治咨询

商业民调人士、党派还有媒体机构提供了大选期间以及历次大选之间人们所消费的大量民调数据,但候选人不能总是依赖这些数据,他们一般需要更加确切的、局部地区的调查,以便了解他们在当地的竞选声望并提示在竞选中应该阐释哪些议题。目前,很少有人竞选重要的公共职位却不购买政治顾问的服务,这些顾问可以在策略与公众舆论评估上给予候选人帮助。

政治顾问是帮助候选人在地方、州以及全国层级上组织竞选的专家。他们设计竞选策略,为候选人制作广告,有策略地投放广告,以及提供民调数据。一些顾问向候选人提供多种服务,而其他顾问则集中于竞选策略当中一些狭窄的方面。[17]不同于全国性党派组织关注多种多样的竞选,政治顾问被雇用来指导并密切监督数量小一些的各种个人的竞选。拉里·萨巴托(Larry Sabato)研究了政治顾问们使用的各种方法,包括基线民调、追踪民调、焦点小组以及其他此类测量公众舆论的理性化形式。在叙述精英的政治顾问们如何使用民调与测量时,萨巴托注意到,大多数知名顾问所做的事情远不止给候选人提供数据:

> 全国性的现代民调人士远不只是一位客观的数据收集者或一位纯粹的工程师或者统计员。他是一位分析解说者、一位大策略师;而且,某种程度上,他就是德尔菲神谕[1]。所有知名的私人民调人士都技艺娴熟,并且非常熟悉政治运行的方式方法。彼得·哈特(Peter Hart,一位向民主党候选人提供建议的知名顾问)将他和他的同事比作训练有素的 X 光线技师:"我们研究骨头,看看哪里有裂缝;我们学会获得最佳的角度,获得最佳的剖面,获得最完美的镜头。"[18]

在最近的美国总统竞选中,政治顾问获得了媒体超乎寻常的关注。记者一直聚集于重要竞选中候选人的"赛马"竞争,而对政治顾问如何工作特别有兴趣。目前,主要政治顾问的名字几乎与候选人的名字一样有名(对追踪选举政治的那些人来说)——尤其当他们帮助制作富有争议的竞选广告时。政治顾问往往要为数量不断增加的负面广告担责;人们认为他们鼓励民调取向的竞选:候选人往往调整自己

---

[1] 一般指古希腊德尔菲城的阿波罗神庙里,阿波罗神借女祭司皮西娅发布的晦涩难懂的预言性言辞。——译者

的政策说明,不是与他们自己的意识形态相一致,而是与最新的民调结果一致。确实,政治顾问会鼓励他们这么做。一些批评者认为,这是一种不好的发展,会潜在地损坏民主竞选,因为民调可能会阻止候选人说出自己的心里话。[19]

调查方法的发展

政治顾问、政治党派、大众媒体、商业民调人士、市场调查公司以及使用调查研究的其他人通常都动作迅速。比如,在典型的、快节奏的政治竞选期间,受雇进行调查的民调工作者很少会花时间来试验不同的研究设计。与此相反,在学术性的调查研究中,很多人却在深究,设计与管理如何能够影响到那些收集来的数据的性质。这项工作——研究者操控调查设计——对所有从事民调的人来说都很有价值。通常,由学术界开辟的调查研究发展会被商业民调人士、政治顾问们借用,他们指望由此改进自己的方法。但在很多情况下,民调人员运用他们自己的"经验法则",而不是采用学术界所建立起来的、更加标准化、更为可靠的技术。[20]

尽管关于调查研究方法的文献浩如烟海,但对一些重要领域的新近发展的回顾可能会有启发意义。在此,我会讨论与问卷设计有关的误差,这些误差是由访员在面对面或者通过电话实施调查所引起的,也是不断增长的无回应率(nonresponse sate)所引起的。我将不会讨论抽样误差——这种误差只是与样本中个人的测量态度有关,而不是与所有人口有关。这种统计数值,通常是报纸与电视网报道民调结果的时候所提供的,已经受到调查研究者们相当大的关注。有趣的是,抽样误差是少数几种民调误差中能够被研究者估计到的误差之一。[21]其他误差,非常难以被量化,常常被记者、候选人以及其他民调使用者所忽视,尽管这些难以测量的误差可能很重要。

设计一份能够准确地估量态度的调查问卷是很困难的:意见、态度、信仰、价值观这些都是模糊的现象,会通过许许多多的方式表达出来。在一个调查中,问题的长度、问题所使用的词语、问题在调查中的位置,这些都能影响调查结果。为了揭示、减少这些误差,研究者们会使用"样本分割"的调查方法,他们会测试不同版本的调查问卷。在一项研究中,汤姆·史密斯(Tom Smith)使用了"综合社会调查"(GSS)方法来测试词语"福利"是否会比词语"贫困"对受访者产生更多的负面意义。史密斯发现,当底层群体被标为"贫穷"时,人们更有可能支持给予底层群体经济援助。史密斯相信,调查研究者必须要对问题的措辞多加小心,因为政策制定者通常利用这些结果。使用从"福利"问题中得来的数据也许

> 引导政治家决定:缺乏公众支持的公共援助计划可以(或者说应该?)随随便便地被削减。只要"贫困"这个词被使用了,相反的误差也会发生。调查者会得出结论说,公众最关注的是结束贫困,而福利计划的实施者可能认为他们的计划获得了有力的支持。[22]

作为这种试验的结果,调查研究们知道如何就某些议题提出相对没有偏见的问题——比如"堕胎"。但许多民调人员必须在很短的时间内拿出数据,几乎没有这种奢侈去进行这种试验:他们有时必须对某个议题进行通宵的民调,或者在一两个星期内收集到数据。即使民调人士对问卷的设计问题非常敏感,这些问题也一直存在;因为很多的观点如此不固定、弱小,或难以量化,而这些观点正是那些最容易被调查用语影响到的观点。

有时候,访问者会不知不觉地将误差引入民调或者测量中。尽管所有知名的民调人士与调查研究者会训练他们的访员,让他们以一致的方式行动,但问题依然存在。在他们尝试向受访者解释问题的时候,访员会鼓励或不鼓励某些种类的回应,或者在尝试阐明问题的时候运用了错误的解释。此外,访员的个人特征可能会影响受访者的回答方式。在一项由霍华德·舒曼(Howard Schuman)、珍·康弗斯(Jean Converse)于1971年出版的研究中,研究者们发现,黑人受访者在回答有关"激进的抗议"与"对白人的敌意"的调查问题时会受到访问者种族的影响。当黑人受访者对黑人访员讲话时,他们会更有可能给出激进的答案。[23]

一些类似的"访员误差"可以通过谨慎地挑选访员、严格的训练、密切监督提问者、访员用于鼓励受访者的提问的标准化来减少。近几年,研究人员已经开发了一些方法来检测访员的误差,或者弄明白哪

一种问题会引发最大的误差。[24]

大概调查研究者最为关心的是拒绝参与民调的人数日益增加。在一项调查中,研究人员计算了从 1952 年到 1979 年民众无回应的趋势。[25] 1952 年以来,无回应率在两个重要的纵向调查中呈现稳定的上升态势。无回应增长的部分(原因)是城市化的速度不断加快。对于面对面的访员来说,大城市会给他们带来一些问题:居民经常出门在外、不说英语或住在安保严格的楼房里。除此以外,城市的居民会更加关心个人隐私,也许因此害怕或者回避访员。[26]在一些重要的社会科学调查中,无回应率变得尤其高——通常高达 25%。[27]

在一项对电话调查的无回应研究中,罗伯特·葛劳夫斯(Robert Groves)和拉尔斯·李伯格(Lars Lyberg)提到很难取得受访者合作的几点原因。城市化对回应率的影响在电话调查研究中不成问题,但有其他缘由得不到回应,比如受访者是老年人、受教育程度不高;同样的,访员的性别(女性访员比男性访员会获得更好的回应),还有其他各类问题都有损回应率。[28]近几年,调查研究者们一直在尝试把电话与面对面调查的回应最大化。除了其他方面,研究者还可以使用一些劝服性策略,付钱让受访者合作,或者在调查之前联系人们。

尽管大部分测量的无回应率要比民调人士以及调查研究者愿意的高,但未来看起来将更为严峻。葛劳夫斯和李伯格担心,新的技术比如电话答录机和"来电显示"系统会让受访者更加轻松地筛选电话,常常把民调人员与调查研究者筛选出去。另外,最近关于调查数据如何使用的政治辩论可能影响到回应率,因为人们可能会担心数据在公共领域被操纵。[29]

低回应率困扰着民调人士与测量研究者,因为这极大地影响到一项调查的有效性。如果说,具有某种人口特征或者态度特点的一大部分人不能与民调人员合作,那么样本就不能代表所有人口。不管如何努力为研究挑选随机的个体样本,不良的回应率都会使这项调查变得不那么有价值:有可能,那些没有回应的人,在一个方面或者多个方面要比调查中的其他人特殊。

调查研究方法中新近的进步就是越来越多地使用电脑来协助访员。研究者们早就在收集完数据之后使用电脑进行统计分析,但在现在的研究过程中,研究者们在更早的阶段就使用电脑。计算机辅助电话访问(CATI)让访员能够带着电话耳机,坐在电脑终端前,一边进行访问一边输入受访者的回答。调查问卷出现在电脑屏幕上,这样访员可以离屏阅读调查的项目,然后在屏幕上输入回答。现在有不同种类的 CATI 系统。有些系统的电脑屏幕上只出现调查问卷,访员录下受访者的回答;在其他系统中,电脑操作一系列的功能,比如,在样本中挑选受访者,跟踪记录访员的工作效率,将调查的反馈组织成必要的数据分析格式。[30] CATI 系统在 20 年前被采用,现在已经被民调人员与调查研究者广泛使用,因为其有助于使得访问过程变得更加有效率。比如,在采用 CATI 系统之前,很难面访复杂的系列问题。在很多调查中,受访者对一个问题的回答会使接下来一系列的问题变得不相关。如果访员询问受访者他在最近的选举中是否投了票,他说他没有投票,那么,接下来关于投票选择的问题就没必要了。CATI 系统使得这种问题对访员而言更加轻松,因为电脑——基于先前的访员登录——能够跳过或者替换掉随后的系列问题来匹配之前的回答。这种特定的 CATI 选项能减少进行一次访问所花费的时间,并将产生误差的可能性最小化。

对现代调查研究的这一素描概括了这个领域中取得的一些进步以及从事民意调查的人士所要面临的一些重要议题。所有提到的问题——与调查方法有关的各类误差以及造成更高的无回应率的社会生活上的改变——都是研究人员之间的辩论主题。随着传播技术的变迁,越来越多的人担忧个人隐私泄露、电话营销的数量激增,选民对民意调查的过程变得越来越心存疑虑。很有可能,当民调活动变得越来越困难的时候,其他的评估公众舆论的技巧,比如焦点小组,会依然流行。

公众对测量与民意调查的看法

一直以来,调查研究者与民调人士对普通公众对民意调查所持有的态度很感兴趣。这种兴趣一部分来自对不断升高的无回应率的忧虑;调查者们有一个感觉,即公众关于民意调查的精确性的态度可能会影响他们参加调查的意愿。其他人研究公众对调查的看法,以及更一般的,对公众舆论的看法是为了理解这些认知如何塑造态度以及行为的方式。

1985年,罗普机构(the Roper Organization)向公众询问了许许多多有关意见调查的问题。[31]他们询问受访者是否相信民意调查"服务于公众的最大利益",以及民调是否有影响、是否准确、是否具有代表性。此外,罗普还询问了受访者关于民调人士的诚实度、调查中受访者的诚实度,以及他们认为参与民调是令人愉快的还是使人厌烦的。总体看来,这项研究显示,大多数人都对民调的经历有好感:75%的被访者相信"大多数的民调是服务于普通公众的最大利益";大多数人也相信,民调通常是准确的;民调人员通常也是诚实的;调查的受访者大都会在访问中说出实情。更有趣的发现是,大多数的受访者不会真的相信随机抽样所具有的代表性;超过半数的罗普受访者认为,通过1500个或者2000个访问,不可能"准确地反映出全国人口的观点"。

罗普有关民意调查所做的民意调查对公众舆论学者提出了一些有趣的问题。怎么会有这么多的人(受访者的75%)在认为民调为公众利益服务并且民调通常准确的同时,还觉得抽样调查不具有代表性?部分原因可能是代表性问题让受访者关注典型的随机样本中的少数人,而正常情况下受访者不会这么做;也有可能是因为,当人们在报纸上读到民调结果或者听到新闻广播中报道民调的时候,一般都相信民调,然而当民调人员问到有关一项研究中的人数问题时,他们觉得有必要质疑取样的过程——也许他们之前没有考虑过这个问题;还有可能是社会学家所称的"社会期望效应"在起作用:受访者可能会觉得人们期望他们去质疑样本规模——关键的回答就是正确的回答;倘若科学上有可能从1500个人中推测出全国的公众舆论,那么罗普为什么还要问他们这个问题?

除去这些旨在理解公众对调查研究认知的"关于民调的民调"之外,还有一些研究针对的是媒体精英看待民意调查的方式。在前面一章,我们探讨了20世纪30、40年代工作的记者对意见测量方法的态度。当时,报纸的记者、编辑对商业性的政治民调心存疑虑,尽管他们设计一些自己的定量方法来评估公众情绪。1986年,盖洛普机构调查了编辑、记者、发行人、管理层,想搞清楚他们如何看待1984年的选前民意调查。[32]研究显示,大部分的媒体精英认为民调一般是准确的,但是,这些专业人士在民调对1984年选举过程所产生的影响上发生了分歧。当被问到民调是"改善还是妨碍了"选举过程时,超过半数的人认为民调妨碍了选举过程。盖洛普民调机构的董事长安德鲁·科哈特(Andrew Kohut)强调了在这项调查中党派偏见的作用:"投票支持蒙代尔的这些人(媒体精英)要比那些投票支持里根的人更多地倾向于认为民调干预了选举过程。"[33]

罗普机构、盖洛普机构对民意调查的研究很大程度上是为了专业的调查研究团体。这些调查能够帮助民调人员对民意调查的环境获得某些理解,理解为什么自50年代以来无回应率上升了。社会科学家所感兴趣的是在公民当中更加宽泛的民意调查观、公众舆论观。比如,伊丽莎白·诺伊尔-纽曼论辩说,一个人的公众舆论观(通常是通过大众媒介和民调的接触获得的)会影响这个人的行为:如果你感到你的观点比较小众,你或许会选择不在公共场合表达那种观点。她的研究部分是基于社会心理学中的"从众研究"和她自己在德国的公众舆论研究;她的研究强调了规范在公共表达过程中的核心作用。由于人们害怕孤立,他们经常会监视公众舆论来避免被社会隔离。[34]

另一项著名研究发表于1976年。詹姆斯·菲尔兹(James Fields)与霍华德·舒曼(Howard Schuman)证实:人们倾向于相信公众舆论反映了他们自己的观点。[35]研究人员认为,当公众舆论关系到对种族的态度时,大部分的人会陷入"照镜知觉"中。他们解释道,作为受访者的底特律市民,"只是把他们自己的观点投射到其他底特律人还有友邻身上——不是因为他们不承认自己的观点或者说压抑自己的观点,而是完全相反,受访者觉得自己的观点非常明智以至于他们觉得其他理智的人也会有同样的看法"[36]。最近,卡罗尔·格林(Carroll Glynn)不仅在一定程度上印证了这些发现,还发现人们中间有一种要把他们自己与其他人区分开的倾向:他们相信自己的观点与他们的友邻或者其他城市的居民都不一样。尽管菲尔兹和舒曼没有发现

"否认投射"的证据,但格林确实发现了一些证据。在她的研究中,受访者把他们自己的、社交上不受欢迎的态度投射到了他们的友邻身上:

> 当受访者被问到一个社交上敏感的问题时——在他们的邻近社区内为弱智群体建一个居所的可行性——超过80%的受访者声称,他们不会介意在他们的邻近街区内建立这样一个居所,但是同样多的人声称,他们的邻居实际上会在意是否要建这样的居所。在这项研究不久之后,一个样本街区的成员就面临在他们的街区内建一所弱智群体居所的问题,他们积极地反对这样的居所并入他们的街区。[38]

大多数审视公众对民意调查或者公众舆论的看法的研究都是使用调查的手段来进行的。这并不让人惊讶,因为许多关心公众自我感知的人正是调查研究者自己。很少有研究者将民众对于民调的态度作为更宏大的政治传播过程的一部分来深入地追索,因而许多问题尚未解决。这些问题主要如下:在什么情况下人们会相信民意调查,又为什么相信?语境——民调被报道的方式,或有民调出现的报道——有多重要?最后,政策制定者、媒体精英以及公众成员会以不同的方法看待同一份民调吗?如果是这样,为什么情况是这样?

现代民意调查与理性化

通观本书,为了能够解释某些特定的舆论表达以及测量技巧的出现,我使用了韦伯的常规化理论。第三章所勾画的趋势显示,我们用来评估大众意见的工具变得更加理性:现在,它们能在相对较短的时间内有效率地提供某一类型的公众舆论的数据;只要个人或者机构能够为民意调查付费,就能购买到训练有素的调查研究人员所提供的服务。在当今时代,公众舆论的数字化表达被看得非常重要,民调对许多团体来说都是必不可少的——政治行动委员会(PACS)、候选人、记者以及政治党派。

1948年民调败北之后的一段时期内,不断改良的技术和新兴的专业主义有助于促进公众舆论测量的理性化过程。大部分组织现在使用电脑对公众进行民意调查。事实上,数据收集技术的改变是韦伯理性化过程中理想类型的个例:CATI 系统让调查研究人员能够更有效率地进行访问,并且能够对访员的行为获得更多的控制;如果一个党派或者利益集团想要看到在一段时间内人们对议题的看法是否改变,电脑能够储存超大的、能够被轻松地获得的数据集。电话的推广也使得调查研究与民意调查变得不那么耗时和昂贵。当很少家庭拥有电话的时候,访员经常被迫出差,跑到人们家中去拜访。现在,短短几秒内,访员坐在电脑终端背后就能打电话给国内的任何一个人,问上一系列的问题。通过电话与人联系要轻松得多,因为重复地呼叫电话最终能够获得较高的接触率。另一方面,反复地跑到受访者家中,是一种相当昂贵的努力。

尽管许多重要的民调人士都被吸引到通过电话进行测量,但调查问卷也时常邮寄给个人。大体上来说,当研究者采用此种管理方法时,他们甘冒低回应率的风险,但是电脑技术使得邮寄调查变得比过去容易一些。人们可以使用电脑来编写一个包括个人姓名与住址的样本,还可以打印邮件的标签。结合使用激光打印机,电脑允许调查主管设计一些吸引人的调查问卷或者通过整洁地插入受访者的姓名、住址,或者其他信息来使得调查问卷的样式富有个性化。

除去技术变迁之外,学术性调查研究机构的逐渐扩大,也使得在测量研究和民意调查技术方面培养大量的学生成为可能。在许多大学,学生能够接受培训,成为一名调查访员、项目主管或者负责人。大学里学术性调查研究机构[39]的发展有据可查,因为它促成了多项研究——例如,全国选举研究和综合社会调查——这些研究每隔几年就会进行。从这些研究中获得的数据通常可供学术人士和大学以外的非学术人士使用,因而研究人员、记者,还有政策制定者都能获取数量庞大的观点与行为的信息。

公众舆论研究中理性化的增长,目前还未能替代其他的、不那么规范化的数据收集方式。政治家、顾问、记者,还有公民自己都会使用其他手段来了解公众,但是民意调查现在广泛地被媒体引用,还被视为政治过程的关键所在。民调的增长从各种不同的视角来看都很重要,在第八章中我将采取一种规范的调查研究观念。关键问题是:首先,民意调查是否抑制了大众表达？其次,公共领域中平稳的理性化过程是否增强了民主？

然而,在探索这些共同的问题之前,关于公众舆论的定量化还有一件更重要的叙事几乎还没有受到学术界的审视——计算在政治集会和游行中的群众规模。有关这种做法自19世纪以来的历史将会是下一章的主题。确定群众数量的技巧并没有随着时间的推移而出现戏剧性变化,就像聚合个体意见的工具一样,但美国记者、党派工作者、警察,还有其他人士一直都会估测群众的规模,还会留意这些数据,这一事实使得对这种现象进行研究在任何一部舆论量化的编年史中都十分重要。在最后的几章里,我记录了态度表达、测量的延续与变化。群众计算同样也有延续与变化,尽管这种做法还必须获得近似于"科学的"调查研究的任何结果。

注 释

1. David Weaver and Maxwell McCombs,"Journalism and Social Science: A New Relationship," *Public Opinion Quarterly* 44 (1980): 477—94.

2. Michael Ryan, "Journalism Education at the Master's Level," *Journalism Monographs* 66 (1980): 13.

3. 菲利浦·迈耶声称:埃弗里特·丹尼斯(Everette Dennis)创造了"精确新闻学"这一术语。参见Meyer, "Precision Journalism and the 1988 U. S. Elections," *International Journal of Public Opinion Research* 1 (1989): 195—205。

4. Philip Meyer, *Precision Journalism: A Reporter's Introduction to Social Science Methods* (Bloomington: Indiana University Press, 1973), p. 13.

5. David L. Paletz et al., "Polls in the Media: Content, Credibility, and Consequences," *Public Opinion Quarterly* 44 (1980): 495—513.

6. Michael Traugott and Roberta Rusch, "Understanding the Proliferation of Media: Polls in Presidential Campaigns," paper presented at the annual meeting of the Midwest Association for Public Opinion Research, Chicago, November 17—18, 1989.

7. Albert Cantril, *The Opinion Connection: Polling, Politics, and the Press* (Washington, D. C.: Congressional Quarterly Press, 1991),

pp. 33—37.

8. Philip Meyer, "Precision Journalism and the 1988 U. S. Elections," p. 203.

9. Bill Kovach, "A User's View of the Polls," *Public Opinion Quarterly* 44 (1980): 571.

10. 参见 Burns Roper, "Some Things That Concern Me," *Public Opinion Quarterly* 47 (1983): 303—9; or Ronald Elving, "Proliferation of Opinion Data Sparks Debate over Use," *Congressional Quarterly* (August 19, 1989): 2187—92。

11. 参见 Martin Wattenberg, *The Decline of American Political Parties, 1952—1984* (Cambridge, Mass.: Harvard University Press, 1986)。

12. Cantril, *The Opinion Connection*, p. 16.

13. Herbert Asher, *Polling and the Public: What Every Citizen Should Know* (Washington, D. C.: Congressional Quarterly Press, 1988).

14. Paul Herrnson, *Party Campaigning in the 1980s* (Cambridge, Mass.: Harvard University Press, 1988), p. 78.

15. Ibid., p. 79.

16. Ibid., p. 101.

17. Larry J. Sabato, *The Rise of Political Consultants: New Ways of Winning Elections* (New York: Basic, 1981), p. 9.

18. Ibid., p. 73.

19. 参见 Sabato, p. 321。有关候选人对民调的使用,也可参见 Michael Kagay, "As Candidates Hunt the Big Issue, Polls Can Give Them a Few Cues," *The New York Times*, 20 October 1991, section 4, p. 3。

20. Irving Crespi, *Pre-Election Polling: Sources of Accuracy and Error* (New York: Russell Sage Foundation, 1988). 作为全面研究选前民调活动的一部分,克里斯皮对30位全国和州层面的民调组织进行了深度访谈。他询问民调人员,以便勾勒方法论上的共识分歧。

21. 有关取样误差,参见 Robert Groves, *Survey Costs and Survey Errors* (New York: John Wiley & Sons, 1989)。

22. Tom Smith, "That Which We Call Welfare by Any Other Name Would Smell Sweeter: An Analysis of the Impact of Question Wording on Response Patterns," in Eleanor Singer and Stanley Presser, eds., *Survey Research Methods* (Chicago: University of Chicago Press, 1989), p. 107.

23. Howard Schuman and Jean Con-

verse, "The Effects of Black and White Interviewers on Black Responses," in Singer and Presser, eds., *Survey Research Methods*, pp. 247—71.

24. 参见 Groves, *Survey Costs and Errors*, chapter 8, and also Peter Miller and Charles Cannell, "A Study of Experimental Techniques for Telephone Interviewing," in Singer and Presser, eds., *Survey Research Methods*, pp. 304—23.

25. Charlotte Steeh, "Trends in Nonresponse Rates, 1952—1979," in Singer and Presser, eds., *Survey Research Methods*, pp. 32—49.

26. Ibid., p. 45.

27. Tom Smith, "The Hidden 25 Percent: An Analysis of Nonresponse on the 1980 General Social Survey," in Singer and Presser, eds., *Survey Research Methods*, pp. 50—68. 并非所有对1980年GSS的"无回应"都是拒绝。在1931个样本中，1468人接受访谈，315人拒绝参加，66人不在家，84人因其他原因被取消了。

28. Robert Groves and Lars Lyberg, "An Overview of Nonresponse Issues in Telephone Surveys," in Robert Groves et al., eds., *Telephone Survey Methodology* (New York: John Wiley & Sons, 1988), pp. 191—212.

29. Ibid., pp. 210—11.

30. William Nicholls, "Computer-Assisted Telephone Interviewing: A General Introduction," in Robert Groves et al., eds., *Telephone Survey Methodology*, p. 378. 也请参考本书中其他关于CATI系统的论文。

31. Burns Roper, "Evaluating Polls with Poll Data," *Public Opinion Quarterly* 50 (1986): 10—16.

32. Andrew Kohut, "Rating the Polls: The Views of Media Elites and the General Public," *Public Opinion Quarterly* 50 (1986): 1—9.

33. Ibid., p. 6.

34. Elisabeth Noelle-Neumann, *The Spiral of Silence: Public Opinion-Our Social Skin* (Chicago: University of Chicago Press, 1984). 诺伊尔-纽曼的理论引起了颇多争议。要获知关于"沉默的螺旋"的批评性评论，参见 K. Sanders, L. Kaid, and D. Nimmo, *Political Communication Yearbook 1984* (Carbondale: Southern Illinois University Press, 1985)。

35. James Fields and Howard Schuman, "Public Beliefs about the Beliefs of the Public," *Public Opinion Quarterly* 40 (1976): 427—48.

36. Ibid., p. 438.

37. Carroll Glynn,"Perceptions of Others' Opinions as a Component of Public Opinion," *Social Science Research* 18 (1989): 53—69.
38. Ibid., p. 67.
39. 参见 Jean Converse, *Survey Research in the United States: Roots and Emergence*, 1890—1960 (Berkeley: University of California Press, 1987)。

第七章　群众估算与公众舆论

《芝加哥时报》《芝加哥先驱报》连续几天刊登了一篇报道。该报道满怀激情地描述了一场本月2日在昆西发生的（支持）道格拉斯游行，出席人数据称有6万到8万人。一位朋友写信告诉我们说……据游行队伍经过"凯旋门"时的实际计算，参加的人数有1166人，包括男性、女性和儿童；这个人数中只有不到300人是选民……这种悲惨的失败被《芝加哥时报》《芝加哥先驱报》吹嘘成规模庞大的竞选集会之一。

《芝加哥论坛报》1860年10月6日

与（候选人乔治·）布什一起乘坐喷气式飞机的记者认为，群众（缅因州波特兰市的一次集会）数量大约有1200人，并且大约平均分成共和党一派、民主党一派……"五五分？饶了我吧！"布什说，"……拜托，如果你不会数数……"

《芝加哥论坛报》1988年10月27日

估算集会、游行中的群众规模是美国政治新闻的主题。自19世纪中期的政治集会全盛期以来，记者们记录下参与集会的人数，是因为读者与候选人都认为这个数据是有意义的。如今，政治积极分子对记者或警察人数估算怨声载道。[1]很多时候，参与集会的个人或者组织活动的团体声称，记者、警察或者国家公园管理局（National Park Service）低估了游行的规模。[2]抗议美国国内和外交政策的那些人认为，记者与警察都有意要维持政治现状；积极分子们说，这样的结果就是这几派人一直低估抗议游行的规模。

正如上面的节选所证明的，历来都有有关群众规模的争论。19世纪,党派记者花费相当大的心血,试图使其他报纸登载的人群估算失去可信度。这些矛盾通常都很激烈,报纸之间彼此唇枪舌剑,恶语相向。尽管在现代报社中工作的记者不再热衷于此类话语,但是政治积极分子、竞选经理以及临时候选人仍会继续这些跟定量有关的争论。

本章关注一种不断变化的特征,即政治竞选期间,从1856年总统大选就开始的、对群众进行估算这一实践的变化中的特征。计算示威游行的参与者一直以来都被政治史学者大大忽略,他们分析了集会的演讲内容,却没有分析关于集会本身的话语。但这一关于群众的话语是很吸引人的,因为能揭示的东西太多:新闻界的实践、社会控制与定量之间的关系、公众舆论的理性化,等等。

目前已经有一些关于当代群众估算的学术讨论,其中许多发表于60年代末70年代初,那时学者们开始研究与民权运动、反越战运动相关的抗议活动。澳大利亚心理学家里昂·曼(Leon Mann)分析了针对60年代中期华盛顿的两场反战集会的群众的估算。他发现,"鹰派"报纸与"鸽派"报纸相比,倾向于报道较少的集会群众估算。曼坚持认为,保守的编辑更可能会使用来自官方的消息源——警察或者是国家公园管理局——估测的数量,而不使用由集会发起者提供的高得多的群众数量。[4]

前报人赫伯特·雅各布斯(Herbert Jacobs)于1967年发表了一篇被更广泛引用的、有关群众估算的文章[5],后来他去了加州大学教授新闻学。记者在群众计算方面缺少精确性让他感到不安。他与几位著名报人的谈话表明,没有一人拥有可靠的系统来进行群众估算。塞缪尔·布莱克曼(Samuel Blackman)是美联社的编辑,他告诉雅各布斯,"一旦IBM能发明出来群众估算机"[6],美联社肯定会买一台。通过研究在伯克利史普罗广场上的各式政治集会,雅各布斯为记者们设计出了一种简单的估算群众的程序——通过使用航拍的游行照片来测定群众的密度。

然而,估算群众规模的系统性技巧未能成为新闻学院课程的一部分。报道政治的记者倾向于随着时间而获得估算人数的经验,倾向于在游行中与其他记者一起工作,从而获得在群众规模上的共识。记者编辑常常依赖于警察的估算数目,因而警察通常会在巡逻游行地区的时候统计人数。跟记者一样,警察也相信,他们也是通过经验成为精确的计算者。一位芝加哥警长说,城市警察有可靠的"经验法则"来计算类似戴利广场这样流行的集会圣地的群众。[7]

群众估算的趋势

　　判定群众规模的方法以及这些数据的运用方式,随着时间的推移都发生了相当大的变化。当然,19 世纪中期以来,在关于群众的量化话语方面,也有许多延续性。为了研究这些变化,我从三家报纸——《纽约时报》《芝加哥太阳时报》《芝加哥论坛报》——有组织地收集了有关政治集会的文章,(时间)从 1856 年总统大选到 1976 年大选,每隔 20 年一次。[8]我还收集了 1860 年竞选中有关游行的文章,因为那一年组织了大量的集会。此外,最近选举期间对集会的报道——1988 年乔治·布什与迈克尔·杜卡基斯(Michael Dukakis)之间的竞争——也包括在文章样本中。三家报纸中的任何一家都在每场大选的最后几个月报道了大量的群众估算。结果是,在我的样本中,超过 550 篇文章涵盖了定量的估算结果。

　　美国报纸一直有刊登群众估算数量的传统。大部分的选举年里,报纸会在超过半数的集会报道中提供这些数值,而且,这些估算最常见的来源就是那些给自己的报社报道事件的记者。19 世纪以来,直到 20 世纪初,偶尔有身份不明的"目击者"或者"旁观者"被引用为估算的来源。在 20 世纪,警察与公园管理局开始出现,虽然记者也还是继续提供他们自己的估算结果。也许在很多情况下,记者与警察协商,以便计算某一事件中参与者的人数。

　　尽管在群众估算史上有这样的持续性,但当美国从礼俗社会转变为法理社会时,有一种做法发生了巨大变化。在 19 世纪,计算群众从工具性和符号性角度来说都被视为是有用的,但到 20 世纪中期,计算群众主要成为符号性的。变化源自三重原因——抽样调查的扩散、竞选管理的崛起、新闻客观性准则的逐渐提升。在 19 世纪,数字式的群众估算被认为是公众情绪可靠的指示器,也同样被党派记者视为有效的修辞武器。当民主党候选人的集会人数寥寥可数时,几乎可以肯定的是,共和党报纸一定会在第二天报道这个悲惨的状况。到 20 世纪中期,对群众的定量评估不再被报纸用来评估公众舆论或者用来抹黑对方的候选人与党派。在科学的(以及非科学的)民意调查被推广之后,这类估算仅仅在符号性的立场上是有用的,因为它们再也不能被建构为全国公众舆论的测量。从 20 世纪中期开始,用于意见评估的、更为精确的方法使得群众规模对预测选举结果变得无关紧要,虽然此类评估在许多公共辩论中仍然承担着修辞作用。

计数群众:1856—1896

在竞选集会中估算群众数量是 19 世纪政治话语中一个不可或缺的部分。由于强烈的党派性、密集的政治参与,公民对游行、公开集会以及其他类似聚会的报道,兴趣盎然。总体上,男性将政治视为严肃的讨论和行动的舞台,但他们同样将政治看作是消遣与娱乐的来源。[10] 结果是,报纸对政治事件的报道充满了讽刺、嘲笑,有时候还会互相进行幼稚的辱骂。因为对政治的兴趣高涨,集会通常被刊登在大型日报的头版,通常也会加以生动详细的描述。对集会报道来说,定量的估算群众非常关键,这些参与者的数字——与模拟调查一样——会被编写进报纸自身的意识形态架构中去。但与模拟调查不同的是,群众估算具有争议性:通常有两位或者更多的记者或目击者参与了同一个集会,他们对于群众的规模和性质会各执一词。

对集会群众的定量描写非常流行,这种描写经常成为日报的笑料。比如,在 1860 年选举期间,记者不仅报道了参与者的数量,还对这些数量的估算开起玩笑。支持林肯的《芝加哥论坛报》精于此道,就像下面的对话——据说是在芝加哥市支持道格拉斯的队列中偷听到的——中所证明的:

《时报》与《先驱报》的点数员——吉姆(Jim),你在这儿点过来的队列人数,我点落下来的人数——点在马路中间的人。

吉姆:之前队伍经过的时候我全点了。

点数员:好吧,那就再点一遍;那不是州长的命令吗,从 6 点到半夜,计数每一个经过的人?[11]

共和党的《论坛报》那年一直在质疑民主党人的计算水准,声称道格拉斯的集会人数总是被高估。该报刊登了摘自8月27日《康科德民主报》(Concord Democrat)的以下内容:

2万人的谎言

《爱国者报》(Patriot)与《波士顿先驱报》(Boston Herald)将实际参与道格拉斯在康科德招待会的出席人数2000人,乘上了10变成了2万人。这是一个体现民主党算数能力的合适典范。道格拉斯前几天在波特兰,在民主党的数字和幻想中的报道又出来了:有2万人在场,并且城市灯火通明。而事实是,在场的人,总数不超过6000人,只有8栋房子亮着灯。[22]

由于《论坛报》的记者无法去跟踪道格拉斯的每场集会并核算民主党的出席人数,他们就经常依靠《康科德民主报》这类报纸。1860年9月末,《论坛报》刊登了《布法罗快报》(Buffalo Express)的这一则消息:

"算数水平的进步"

这位朋友,拥有印度橡胶的良知;他与道格拉斯同行,并为美联社"做"相关报道。他还写信给奥尔巴尼的《阿格斯报》(Argus)。人们将记住:他向全国拍电报,声称在这个城市里道格拉斯面对着15000到20000的人进行演说。但在写给《阿格斯报》的信中,在说到同一场集会的时候,他又把人数30000提高到了40000!如果路西法是"谎言之父",那这家伙也一定是了![13]

19世纪中后期的竞选期间,许多记者报道集会。人们在那里聚集是为了聆听候选人或候选人的支持者演讲。记者描写演讲的内容,也几乎总是描写到群众。有时候对群众的数量估计是由群众自己公布的,但更常见的是,这些数量是对事件更大、更详细的描写的一部分。一篇来自1876年《芝加哥时报》的文章如此描述一场在印第安纳州布利斯市支持梯尔顿的集会:

这场活动被寄予了极大期望……

7点的时候,酒店与噶兰特歌剧院的街道里挤满了人。杰出的演说家乔治·W.朱利安(George W. Julian)在格兰德酒店门口受到了1200位身着制服的梯尔顿护卫队的欢迎,护卫队的队伍只有半英里,呈现出极为壮观的景象,整条街被变革的火炬所点亮。在剧院里坐满了大量聪明的观众,还有足足1500人没有座位站着。[14]

记者认为,让读者感受到集会群众的规模多么庞大非常重要,他们经常描述参与集会的群体的特征。一篇1856年的文章,主标题为"印第安纳州的佛蒙特狂热",副标题为"人民的巨大运动"。这是《芝加哥论坛报》的编辑描写在印第安纳州安德森维尔的共和党集会。编辑注意到,安德森维尔是一座"又小又偏远的镇子",与最近的火车站要隔着十一二里路,安德森维尔的公众舆论支持佛蒙特:

> 我们期待的是一场体面的街道集会,大概有三四千人的那种,但是让在场的各位都惊讶的是,有不少于15000人参与了集会——有男有女,还有小孩——他们热情洋溢到让以往所有的竞选活动都黯然失色!高温与风沙几乎让人难以忍受;然而强壮的农民,以及他们的妻子、儿女,在马车里,在货车上,还有人在马背上,成群结队来到集会上;他们满身尘土,但心怀热情,一般的阻碍对他们没有丝毫影响;他们在鼓声阵阵、炮声隆隆中挥舞着旗帜来到这里。[15]

尽管在整个19世纪的总统竞选期间有大量的集会和聚会,但是日报所报道的集会数量在1896年激增。当时的议题——尤其是银币的自由铸造、关税标准、法律与秩序——显得特别重要,威廉·麦金利(William McKinley)与威廉·詹宁斯·布莱恩(William Jennings Bryan)之间的选战比此前的选举吸引了更多的美国人去投票站。1893年的大萧条、整个国家在劳工与管理层之间的暴力冲突,共同促使选民寻求政府的救济。[16]

1896年的总统大选之所以如此生动,还有其他原因。那一年共和党人募集了一大笔资金,这样麦金利的竞选组织非常强大。其中部分功劳要归功于竞选总管马克·汉纳(Mark Hanna)的天才策略,他策划了许多活动来宣传麦金利并让他能够接触选民。布莱恩尽管无法在募集资金上与共和党人的成功相较量,但他在这一年的夏天与初秋就投入到了紧张的、充满着情绪化的竞选中。候选人的活力及其对议题的浓厚兴趣,反映到积极参加竞选活动的报纸版面上:报纸经常刊登麦金利集会与布莱恩集会的定量估算。在那年的《芝加哥论坛报》上,有54%关于政治集会的报道会给出至少一次数值的群众统计。当布莱恩1896年8月游历俄亥俄州的时候,数千人出来欢迎他。《论坛报》并不支持布莱恩,但感受到了他巨大的吸引力和人气,于是报道了这一情形:

> 当列车驶离(比塞洛斯)站台时,数百人追着火车,与布莱恩握手,直到有人摔倒;从后面往前挤的人绊倒摔在一起,差不多有二三十个人。当布莱恩专列抵达克里斯汀的时候,超过8000人涌入这个小小的车站,布莱恩先生被护送着穿过喧哗的人群,进入车站装修一新的站台,站台上全是疯狂的喝彩声,然后他开始演讲。[17]

不同于此前竞选的一贯做法,支持共和党的《论坛报》通常报道1896年参与共和党集会的群众数量之庞大,但当该报编辑手中有证据显示,共和党群众的规模要比布莱恩支持者所报告的规模要小一些的时候,他们强调了这些数字上的差异:

> (俄亥俄州)坎顿据信有1000名(集会参与者);为了达到党派目的,类似的夸大被用于每个点的展示……一支队伍在市政厅前声称,要到车站去迎接布莱恩先生。这支队伍在排成一行前进的时候,实际上只有53人;到了火车站的时候,实际人数变成了107个游行者。[18]

在同一篇文章里,《论坛报》为了"取悦大众"而编写了许多文字来形容布莱恩的整洁和"慎重的外表"。对《论坛报》的记者而言,布莱恩似乎看上去像一位"卫理公会牧师,拥有待遇优厚的教区"[19]。

《纽约时报》的党派性要比《芝加哥论坛报》收敛许多,在1896年有关集会的报道中有43%的文章包含群众数量的估计。《时报》比《论坛报》和《芝加哥时报》更偏向于报道群众的构成以及群众规模。在9月29日一篇关于坎顿集会的文章中,《纽约时报》记者报道了一个"200到300个人的有色人种"代表团在那一天过来听麦金利演讲。[20]同一天该报报道了布莱恩抵达曼哈顿的中央车站时在场的欢迎群众,"大约有600人在欢迎他,主要包括车站的工作人员、等待列车的月票乘客族、许多报社记者,还有稀稀拉拉的坦慕尼派的政客"[21]。本书研究的三家日报都使用了聚集于集会中的、量化的估算来作为公众意见的指向标。在不同文章中所报道的模拟调查也被用于这样的目的,但集会能够让记者去判断公众舆论的强度。草根能够让记者或者党派观察员获得投票意向的感觉,但无法获知选民情绪。另一方面,在集会上,人们能够通过出席与情绪化的展示来表明他们的支持。模拟调查可能会提供对选举结果的"客观"预测,但集会有助于更好的报道:游行产生了数值性的、定性的公众舆论资料。

群众估算与理性化

虽然直到1936年抽样调查才开始被用来预测总统选举的结果,当时盖洛普预测罗斯福将会击败兰登,但是日益增加的理性化的迹象出现在1916年的竞选中。[22]汉纳1896年所精通的竞选管理在20世纪初的几十年加速发展。同样也是这个时期,很多人寻找新型的、系统化的方法来研究公众舆论的测量。比如,学术人士敦促他们的同事更多地关注态度测量,即使他们对"公众舆论"的含义没有达成共识。[23]在政治领域中,《文学文摘》因为其自称的"科学的"意见预测方法赢得了相当多的关注与尊重。

对精确性的日益渴望早在抽样方法应用于评估公众情绪之前就开始了。不足为奇的是,在政治集会中计算人数的那些人开始质疑他们的统计数值的意义。

在1916年的总统大选期间,来自欧洲的战争新闻使得竞选新闻黯然失色。战争进程被详尽地报道出来,留给报道竞选活动的版面所剩无几。1916年8月,威尔逊总统宣布,他将不再进行大量的巡回演讲,而是在选举日来临之前在几个不同的地方发表6到8次演讲。但是,他说会在他的避暑山庄里接见代表团。[24]

1916年的集会报道也许会比前几年少,但是更多的关注投向了竞选策略。越来越清楚的是,一个井井有条的竞选经理能够筹划看起来像是自发举行的竞选活动。这一点早在1896年就有了种种暗示,当时《纽约时报》报道了布莱恩集会上的自发性假象:"那个场合的一个特征是，用问题打断演讲者（布莱恩），而这些问题似乎都是为了引出布莱恩先生'精心准备的回答'才构想出来的。"[25]记者与竞选经理寻找新的办法来仔细审察作为表演的集会——集会由候选人执行，也由群众执行。这些审察的一部分就包括获得更好的出席人数测量。比如，1916年，在一场为了支持共和党人查尔斯·E.休斯（Charles E. Hughes）的游行中，有人用一台计数器来获得更加精确的群众估算。1916年之前，本书涉及的报纸没有在集会和游行报道中提到过使用这种设备，直到1916年，记者一般把他们的估算"四舍五入"到十位或者百位。然而，使用了计数器之后，在休斯游行中的《论坛报》记者能够给出精确的参与游行人数，总共有7849人。[26]尽管出席人数令人印象深刻，统计群众规模看起来客观，但记者仍愿意描述游行者和游行群众那种热烈的情绪。

一直到20世纪30年代，群众估算被认为是公众舆论的风向标。狂热示威的大量群众能够证明，某个候选人的胜算很大，但1936年罗斯福与兰登之间的竞选，群众规模的估算对记者而言就没那么有用了。记者依然会报道集会的出席人数，但是不太会去关注这些数据了。对计算人数兴趣减少的主要原因直接归于正在崛起的问卷调查的流行。由于《文学文摘》预测大选结果还没有出过错，所以它关于1936年兰登将获得胜利的预测受到了大都会报纸的巨大关注。一向谨慎的《纽约时报》始终在新闻标题下报道《文学文摘》的民调结果，比如，"3个城市支持罗斯福"或者"兰登领先7个城市"[28]。

群众估算不再像19世纪中晚期那样是争议的来源。（在本书中）1936年选举的样本文章中已经没有关于群众规模的争论。报纸依旧具有鲜明的党派色彩，这样争论的缺失不是报纸正在减弱的党派忠诚的结果；更加可能的是，对群众规模的争论之所以消失，是因为记者们不再相信这些估算能够预示公众舆论：他们可以求教于向来可靠的《文学文摘》民调，如果他们想准确感知公众情绪。集会是关于情绪的有趣展示，在集会上的发言是新闻，但是群众估算再也不是党派报纸之间争论的来源。

虽然在群众构成的新闻描述上没有明确的转折点，但是，在描述参与者的方式上，却与时俱进地发生了明显的、渐进的变化。在19世纪,广泛描述群众的情绪和特征是大多数政治集会报道的核心,记者普遍仅仅通过观察行为来推测群众中人们的情绪。群众很多时候被描述成"热情的",但是也会被标记为"热切并且渴望真相的"[29],"真诚并且机智敏锐的",[30] 或者"大量而又睿智的"。[31]

但到 20 世纪中期,记者对客观性标准越来越关注,也越来越依赖于民调数据,这使得情绪性描述不相适应,也没有必要。20 世纪的竞选中,群众的规模、特征成为集会新闻报道的一部分,但不是中心。在"19 世纪群众就是新闻报道"这一意义上来说,党派情绪是强烈的,参与政治是热情奔放的,因而群众被视为竞选的一个重要部分。在 19 世纪有资格的选民中,参加投票的人数非常多;很有可能,在任何给定的集会上,群众都是由将会投票的民众所组成。

但是,一战之后的数十年里,新闻媒体不再关注集会群众的数量。变得越来越明显的是,集会群众可以被竞选的策划者们制造出来,参与集会的人数多少不是全国性公众舆论的必要指标。由于当代候选人很少会进行"短暂停留"的巡回竞选,记者报道的大部分政治集会并不是面向全民公开的公共集会,而是候选人精心策划好的既定演讲。比如,在 1976 年的选举中,即使提到了群众的规模,候选人的议题通常是典型的集会报道的重点。在一场罕见的"短暂停留"竞选——《纽约时报》称之为一场"950 公里的媒体活动"——期间,一位记者附带地、简短地描述了群众的规模与行为。这位记者强调了卡特的战术——他想要向大众传达的讯息:"在沿途的每一站,(卡特)把重点放在(美国)总统的过去——一张民主党人的光荣榜,一座共和党人的无赖画廊;作为继承了民主党最优秀的传统,并从这一传统中演进而来的候选人,卡特把自己奉献给热情的群众。"[33] 在 1988 年的迈克尔·杜卡基斯(Michael Dukakis)和乔治·布什选战期间,很少会提到群众,因为记者们关注的是候选人的竞选策略。正如许多记者与学者所指出的,1988 年选战报道的中心话题是候选人的策略以及他们的竞选经理。[34] 新闻重点,加上越来越依赖于民调以及大部分政治集会的排他性,这些都意味着很少有人会去关注群众了。实际上,民意调查偶尔会作为大众意见的风向标,出现在有关政治集会的文章中。在这些文章里,似乎记者会按照候选人在民调中的声望来评估集会与群众。

在1988年11月的一篇文章里,《芝加哥太阳时报》(*Chicago Sun-Times*)概括了候选人在最后时刻里的竞选活动,包括布什在加利福尼亚州和几个中西部州的集会。在这篇报道的中间,记者注意到,"尽管布什的助手说,他们自己的民调显示,布什保持9个点的稳定领先已经有5天了,但是副总统努力充实他的演讲,并且决定在周一回到中西部,在密歇根州、密苏里州、俄亥俄州露面,这些举动要比民调所显示的更为激烈"[35]。在当代的总统选举竞选中,民调声望决定选举集会在什么时候召开、在哪里召开。

谁在关心群众规模?

尽管大选期间对群众规模的新闻兴趣在下降,但有关群众的争论依然出现在当代政治话语中。由于民调能够以相当程度的准确性告诉我们谁会赢得总统宝座,公共政治集会上的出席人数不再能够显示公众舆论,然而,仍然能够找到有关群众规模的争论。在公众舆论产生分歧并且分歧严重的议题上,政治活动分子组织公开游行,人们时常能够发现关于群众规模的争论。其中一个议题就是堕胎。

跟其他社会和政治议题相比,有关堕胎的意见激情奔放。[36]结果就是,在最高法院1973年将堕胎合法化之前,就有无数的支持堕胎与反对堕胎的集会。《纽约时报》实际上预料到有一场关于出席人数估算的争论。除了一篇文章有关这次集会的计划外,一篇标题为《群众估算,大相径庭》的短文回顾了在各种集会之后关于群众估算的争论——1971年反战集会、1987年支持苏联犹太人的集会、同一年的争取同性恋权益集会以及1989年的反堕胎集会。[37]

如同《纽约时报》所预测的,在一场1989年在华盛顿举行的支持堕胎集会之后,出现了关于群众规模的争论。几天后,《华盛顿邮报》上出现了一篇位置醒目的文章,标题为《堕胎权利游行的规模起争议》。记者注意到,在警察提供的人数估算跟集会组织者提供的人数估算数据之间有300000人的差距。尽管这位记者写道,这些争议"在国家首都里屡见不鲜",但关于人数估测的问题,她还是访问了堕胎权利的活动人士。当时是"女权多数基金会"(Fund for Feminist Majority)成员的艾丽诺·斯米尔(Eleanor Smeal)认为:"我们认为(警察)是错的……我们在行进中靠得非常近,快要踩掉彼此的鞋子。美国公园警察……在过去曾经压低过我们的人数。"[38]此次争论中的每一方——活动分子与警察——都使用了被认为是系统的估算群众数量的方法:网状测量法、地铁客流数据、直升机航拍的群众密度估算,诸如此类。为了回应"压低人数"的指责,一位警长说道,政治不会影响警察测算人数,因为警方是非政治的。[39]在这篇文章刊出几天后,一位反对堕胎的读者写信给《芝加哥论坛报》编辑说:"媒体突出报道了支持堕胎的活动,却没有报道反对堕胎或者说高调集会:我们每年都会从伊利诺伊州派巴士(到华盛顿)——就只有一篇报道被埋在报纸最后一页,出席人数还被缩小了。"[40]

对堕胎集会中的群众估算有兴趣,而对竞选期间的这些数据不感兴趣,这表明了在公众舆论表达的特征、美国政治结构上的变化。首先,主要的堕胎集会往往是公开集会,会提前进行广泛的造势。这种情况却不会发生在总统竞选期间的集会上,因为这些集会通常是不对外开放的演讲会。候选人的公开集会很少提前宣布,因为集会的地点会根据近期民调结果来进行选择,候选人会依据直接的策略出现在某一特定地点。其次,有关堕胎的争议已经持续了超过20年,因而支持堕胎与反对堕胎的活动分子都能够建立起巨大的、有效的组织。结果就是,他们能够动员非常多的群众。这些活动分子都密切关注这些活动的报道,他们相信"展示力量"会影响到关于堕胎的公众舆论。另一方面,竞选经理经常会在一天内安排几场集会。人群庞大或者热情与否很重要,但是,这样的时刻转瞬即逝,有可能会,也有可能不会被大众媒体报道。

之所以有关群众估算的争执会发生在有关堕胎的讨论中,第三点原因涉及民意调查。这一议题的双方都在很大程度上不受民意调查结果的影响。当一项民调支持他们的时候,他们会引用;当一项民调不支持他们立场的时候,他们会选择无视。[41]因为支持堕胎的团体将这一问题视为个人选择的问题,而反对堕胎的团体按照德道性来架构他们的立场,由科学的民调所收集来的公众舆论似乎与他们毫不相干:有些人可能是对的,而且这些人还是少数,所以公众舆论的支持也许不会影响到一些人采取行动的愿望。这种情况却不会发生在选举政治中,(候选人)在民调中的声望意义重大:民调将在选举日显示可能的结果,而且下次总统选举是在 4 年之后。

警察与群众估算

  警察早在 1896 年就出现在政治集会的文章中了,尽管他们可能在整个 19 世纪就已经出现在集会现场了。在 1896 年的选举中,记者提到了在场警察的数量作为他们描写活动的一部分。通常这些活动都很振奋,群众很狂热,因而为了控制群众,警察就被视为很有必要在场。在一场支持布莱恩的匹兹堡集会中,"大约有 100 名警察守在(葛兰德大剧院)各个入口处执勤,晚间稍早时候有初期的骚乱,一人被严重打伤,一些警官的扣子被扯掉"[42]。在大型竞选集会中,警察会到场,但警察不总是会清点出席人数,直到 20 世纪中期,警察才开始计算群众的规模,记者也从 1936 年开始相信当地警方或者国家公园管理局的群众估算。

  刑事司法系统以及地方政府组织的转型改变了警察在政治游行中实际的与构想的角色。在 19 世纪晚期,大都市警力变得越来越理性化:警方担起了更多的责任,并且让他们自己成为地方政府中的关键部分。也就是在这一期间,许多非正式的巡逻制度演变成了更加结构化的制度,包括制服警官、等级化的指挥链条。[43]一直到 20 世纪 60 年代的反战游行、民权运动、学生游行,警方一般被认为是中立的旁观者,志在秩序而非政治。

  60 年代之后,活动分子开始不信任警察以及他们的群众估算,因为活动分子认为警察本质上是保守的,对进步运动怀有敌意。[44]尽管有这些偏见性的断言,记者们还是向警察索要群众统计数字,警方也仍然计算群众。鉴于警察往往在集会中待到结束,把与群众打交道作为他们的日常职责,警察还是被记者视为比较可靠的(消息源)。

  警察在集会中的控制功能与清点功能是相关联的,因为集会参与者的数量决定了要派出多少警察到现场。在政治集会上,警察会从两个层面来观察:一方面他们留意观察,评估群众的规模和性质;另一方面寻找集会中潜在的问题(比如,斗殴或者骚扰)。警察的观察不是一种全景敞视式的规训技术,但它确实代表着一种有趣的社会控制形式。除去他们常规的控制职责之外,警察也会被要求对公众舆论进行监视。19世纪的记者经常在他们的政治集会报道中使用目击者的描述,却不报告警察的估算。

本杰明·金斯伯格论辩说,政府评估公众舆论,目的是社会控制:他们需要了解特定意见的程度,这样就能更好地规劝或者操控这些意见。在更小的范围里,在更加偶然的情况下,警方也需要评估公众舆论。如果他们能够获知群众的规模以及情感的强烈程度,那么万一群众变得不理智或者暴力,警察就能更加谨慎地考虑使用控制群众的手段。

群众估算的工具维度和符号维度

在19世纪,量化的群众估算同时起到工具功能和符号功能,而在20世纪,这些统计数值的工具价值开始褪色。随着科学的民意调查的出现以及新闻规范的变化,关于集会出席人数的争论变成了政治活动分子而不是记者的领域。

19世纪中晚期,对群众估值的工具式使用有很多。政治游行的规模使得候选人在现场就感觉到在区域获胜的机会,帮助候选人决定他们需要在哪里进行竞选活动,让他们能够试用几种不同的措辞风格。[45] 19世纪,典型的总统候选人要周游全国,一天之中停靠几个地方发表演讲或者仅仅跟地方的支持者握握手。媒体认为,大多数停靠点都是新闻,一有机会记者就会非常详尽地报道这些地方,群众的规模、群众回应候选人的特点通常都会被写到新闻文章中去。

在19世纪,群众规模的数量估算在象征层面也同样重要。关于这些数据,之所以出现争议,是因为人们认为这些数据是(候选人)人气的可靠指标。群众数据是非常具有灵活性的符号:它们能够被选择性地使用,用来表现报纸所青睐的候选人的优势,或者显示其竞争对手缺少支持。对出席人数的估算,加上对群众本身的描写,能够呈现出富有政治力量的、非常生动的的图景。比如,倘若一位候选人能够在全国有政治敌意的地区吸引到1万或者2万名热情的群众,那么他瞬间就会成为一位重要的竞争者,值得(获得)总统宝座。

到了20世纪,群众估算的工具性作用开始逐渐消失,意见调查,如著名的《文学文摘》民调,开始取代这种看似不可靠并且会被轻易操控的群众数据。即使民意调查在《文学文摘》1936年的失误后经历了一段暂时正当性的损伤,但到了50年代中期,民调就变得不可替代:因为民调工作者改进了他们的方法,建立起专业民调组织来保证质量的控制,政治家、记者、国会成员、政治活动分子以及其他人都开始依靠这些工具。[46]

按照韦伯的术语,这一点变得清楚了,即依赖民调要比依赖群众估算更加合乎理性。从人口统计上,群众并不能代表人口的分布,并且群众是由怀抱相同政治信仰的个体所组成。通过使用随机抽样,民调人员现在可以评估不同类型的人的观点——无论这些人是否参与了政治集会。如今,民调发挥了群众估算在过去曾经发挥的所有作用;民调显示了在国家的某一区域内公众舆论的力量;民调向候选人提供获胜的证据;候选人在他们巡游全国期间,不再需要"试验"他们的演讲,因为民调会帮助他们判明选民最感兴趣的议题。[47]民调数据变成现代政治顾问们的关键工具,他们尝试制定有效果的、有效率的竞选策略。

人们仍然会争辩出席政治集会的群众规模,虽然这些集会往往都不是典型的竞选集会。在反战集会、堕胎集会、反核能示威游行以及其他诸如此类的集会之后,通常都还会有关于出席人数规模的争执。虽然这些活动的组织者有时拥有资金来委托进行科学的舆论调查,但规模庞大而又热烈的示威游行所呈现的生动图景常常获得全国新闻网和大型报纸的严肃关注。集会之后,活动分子往往仔细地监看新闻报道,以便挑战群众量级的估算:对于活动分子来说,群众规模跟重要性是高度相关联的。正如社会学家尼尔·斯梅尔瑟(Neil Smelser)所写的,"说出一个集群的规模类同于喊出一个有效的口号。作为一种测量大众情绪的指标,它可能不是那么准确,但是作为一种修辞和符号,它就非常重要"[48]。

政治活动分子深知这类修辞的重要性。很多人认为,群众估算会影响到他们(活动)获得的媒体报道的特征。"波斯湾战争"爆发后,在全国范围内发起了许多反战游行示威。抗议的组织者抱怨,媒体要么无视他们的游行示威,要么低估参与抗议者的人数。一位来自旧金山的游行组织者说,一些报纸试图通过刊登本市集会的低出席人数来"弱化"反战情绪。群众的人数估计从 20000 人(《洛杉矶时报》(*Los Angeles Times*))到 40000(《旧金山检查者报》(*San Francisco Examiner*))到 200000(组织者自己的估算)不等。[49]

为了回应激进者们"压低数量"的指责,报纸编辑们低调处理了群众估算的重要性。就这一问题,在接受一位《洛杉矶时报》的通讯记者采访时,编辑们说,活动分子的身份以及他们事业的重要性决定了报纸的报道。《华盛顿邮报》的一位编辑说:"你可以说你召集了千万人……但是这并不一定意味着你就能登上头版。登上头版取决于议题是什么,取决于那些对其他人来说意味着许多的某个东西,是否具有真正的意义。"[50]

在选举政治中,群众估算实际上已经被民意调查所代替了,但是群众在竞选之路上仍然发挥着许多作用。在电视上,一大群人能够为候选人的演讲营造一个令人印象深刻的背景,而且媒体确实偶尔报道竞选集会上的群众规模。然而,在这个政治顾问、民意调查以及竞选管理的时代,群众规模仅仅是另一种柔顺的新闻:选民、记者还有政治顾问们都深知,群众可以被快速地制造为"媒介事件"。群众规模的大小再也不会像 19 世纪的竞选那样,与意义共鸣。

注　释

1. 参见 *The New York Times*, 9 April 1989, p. 28。
2. 参见 *Chicago Tribune*, 17 April 1989, p. 16。
3. 参见 Leon Mann, "Counting the Crowd: Effects of Editorial Policy on Estimates," *Journalism Quarterly* 51 (1974): 278—85。
4. 同上。尽管关于群众结算没有太多的文献,但许多学者都曾研究过群众行为本身。比如 George Rudé's books, *The Crowd in the French Revolution* (London: Oxford University Press, 1959) and *The Crowd in History: A Study of Popular Disturbances in France*

and England, 1730—1848 (London: Lawrence and Wishart, 1981)。也可参见 J. S. McClelland, *The Crowd and the Mob* (London: Unwin Hyman, 1989)。乔治·鲁德的两本历史著作……社会心理学方面的著作,参见 S. D. Reicher, "Social Influence in the Crowd: Attitudinal and Behavioral Effects of Deindividuation in Conditions of High and Low Group Salience," *British Journal of Social Psychology* 23 (1984): 341—50, and "The St. Paul's Riot: An Explanation of the Limits of Crowd Action in Terms of a Social Identity Model," *European Journal of Social Psychology* 14 (1984): 1—21。也可参见勒庞最早于 1895 年出版的大众心理学著名论述:*A Study of the Popular Mind* (New York: Penguin Books, 1977)。

5. Herbert Jacobs, "To Count a Crowd," *Columbia Journalism Review* (Spring 1967): 37—40.

6. Ibid., p. 37.

7. Commander Peter Schurla, Special Events, Chicago Police Department. Interview with author, January 23, 1990.

8. 样本包括了提及政治会议、旅行、示威或其他集会方的所有文章,仅挑选了包含至少一名总统或副总统候选人名字的文章。

为获得 9 次选战中每一次的情况,我随机选择 7 月 1 日到选举日之间的 15 个样本日,分析了在样本日所刊登的所有文章。这一选样过程并不适用于 1856 年、1860 年的《芝加哥时报》《芝加哥论坛报》,因为这些年的许多议题无法找到。我只得分析那些在芝加哥公共图书馆以及位于春田市的伊利诺伊州立学会可以发现的议题。

9. 但是,估算的实际数值要远高于此,因为许多文章会有各类出席人数的数量。有时,记者在一篇选战文章中报道 3 个或 4 个不同的集会,每个集会都估算群众的数量。

10. 参见 Michael McGerr, *The Decline of Popular Politics: The American North, 1865—1928* (New York: Oxford University Press, 1986), and Robert Dinkin, *Campaigning in America: A History of Election Practices* (Westport, Conn.: Greenwood Press, 1989)。

11. *Chicago Tribune*, 6 October 1860, p. 1.

12. *Chicago Tribune*, 27 August 1860, p. 4.

13. *Chicago Tribune*, 28 September 1860, p. 2.

14. *Chicago Times*, 27 August 1876, p. 3.

15. *Chicago Tribune*, 1 August 1856, p. 2.

16. Gilbert Fite, "Election of 1896," in Arthur M. Schlesinger, Jr.,

ed., *History of American Presidential Elections*, 1789—1968 (New York: Chelsea House, 1971).
17. *Chicago Tribune*, 11 August 1896, p. 3.
18. Ibid., p. 1.
19. Ibid.
20. *The New York Times*, 29 September 1896, p. 2.
21. Ibid., p. 3.
22. 盖洛普在1936年竞选之前就采用过抽样调查。1932年,他试验性地采用这一技巧,预测到他的岳母将会取胜,成为爱荷华州下一任州务卿。
23. 参见 A. Holcombe, "Round Table on Political Statistics: The Measurement of Public Opinion," *American Political Science Review* 19 (1925):123—26。
24. *Chicago Tribune*, 16 August 1916, p. 4.
25. *The New York Times*, 29 September 1896, p. 3.
26. *Chicago Tribune*, 5 November 1916, p. 1.
27. *The New York Times*, 15 October 1936, p. 17.
28. *The New York Times*, 7 October 1936, p. 4.
29. *Chicago Tribune*, 5 September 1856, p. 2.
30. *Chicago Tribune*, 5 November 1876, p. 1.
31. *Chicago Times*, 27 August 1876, p. 3.
32. 参见 Michael Schudson, *Discovering the News: A Social History of American Newspapers* (New York: Free Press, 1978)。
33. *The New York Times*, 21 September 1976, p. 26.
34. 参见 Paul Abramson, John Aldrich, and David Rohde, *Change and Continuity in the 1988 Election* (Washington, D.C.: Congressional Quarterly Press, 1990), p. 13。
35. *Chicago Sun-Times*, 7 November 1988, p. 1.
36. 参见 Barry Sussman, *What Americans Really Think and Why Our Politicians Pay No Attention* (New York: Pantheon, 1988), pp. 192—99。
37. *The New York Times*, 9 April 1989, p. 28.
38. *Washington Post*, 11 April 1989, p. 1.
39. Ibid.
40. *Chicago Tribune*, 17 April 1989, p. 16.
41. 堕胎集会的活动分子并非是仅有的有选择性地使用意见调查资料的人士。我访问过关注美国的中美洲政策的人,他们坦承:当民调数据支持他们的论点时,他们就采用。
42. *Chicago Tribune*, 11 August 1896, p. 1.

43. 参见 Eric H. Monkkonen, *Police in Urban America, 1860—1920* (Cambridge: Cambridge University Press, 1981).
44. 参见 Anthony Platt and Lynn Cooper, *Policing America* (Englewood Cliffs, N. J.: Prentice-Hall, 1974).
45. 参见 Robert G. Meadow, "Televised Campaign Debates as Whistle-Stop Speeches," in William C. Adams, ed., *Television Coverage of the 1980 Presidential Campaign* (Norwood, N. J.: Ablex, 1983).
46. 民调人士的专业组织——美国民意研究协会成立于20世纪30年代。
47. 参见 Larry J. Sabato, *The Rise of Political Consultants* (New York: Basic, 1981).
48. *Los Angeles Times*, 22 October 1991, p. A27.
49. Ibid.
50. Ibid.

第八章　意见量化与民主

尽管公众舆论的量化很久以前就开始了,测量舆论的技巧却随着时间的推移而变得日益精致复杂。我们使用数据来描述公众情绪,我们也开始改变公众意见表达本身的形式和内容。在过去,将公众舆论概念化的方式有许多种:卢梭相信公众舆论与民意或共同意志相当;洛克把舆论比作是社会规范,还有许多人认为舆论就是在沙龙中的谈话或者报纸中的内容。然而,在当代政治中,公众舆论通常都被认为是个体意见的聚合,由民调人士编制而成。如同我们已经看到的,公众舆论含义上的变化与表达、测量公众舆论的新型工具的发展密切相关。如今,最权威的工具就是量化的工具。

既然我们能够有效地将政治情绪提取成为数字符号,公众舆论就变成一件商品:新闻机构、政治家、压力集团,还有其他对公众舆论感兴趣的人士希望通过购买舆论数据来获得权力、注意力以及利润。有时候,当一位立法者想要了解在他或她的选区关于某一政治议题的公众情绪的时候,这时的数据完全被当做工具使用。其他时候,定量的公众舆论数据被用作修辞武器,来贬低政治对手的观点或者率先攻击某人的立场。在类似我国的民主国家里,拥有民意的"客观"证明事实上就是控制一种非常有价值的资产。

本书开始的时候引介了几种很有影响的观念——理性、监视、符号交流、社会控制——每一种观念都成为严格的学术审视的焦点。将这些理念运用到公众舆论复杂的历史之中阐明了这一历史的重要方面,尽管有关这一主题仍有大量的研究尚未完成。在结论性的这一章,我试图讨论一些此前提出的政治传播中的更大问题,重申许多尚未解决的疑问和议题,并且提出了几个有关目前公众舆论过程的观点,以期刺激在这一领域新的研究类型。

围绕着不断理性化的表达所产生的影响始终存在两个核心问题。首先,公众舆论的量化如何影响到我们自我表达的方式及其传播的本质?其次,公众舆论的量化采取群众计算、模拟调查,或者科学民调的形式,在现代民主国家中究竟增进了公共话语的特性,还是削弱了此类话语的特性?要回答这些问题,我们必须从规范性的角度来重新评估此前章节中的案例和理念:我们应该进一步努力推进公众舆论表达与测量的理性化,还是应该停下来去重新评估这一理性化过程的性质?

形式理性 vs 意识形态

如同本书前面提到的,马克斯·韦伯对规范化的增长充满忧虑。纵观其一生,他始终担心工具性思维的崛起以及理性对我们行为的影响。尽管韦伯知道,理性化的过程以一种非均衡的形式在社会行为的不同领域向前发展,他仍深信这种趋势是一种直线型的发展趋势;偶尔,拥有新观点的魅力型领袖也许能扭转这一走向系统化的趋势,但这种情况的发生概率实在是罕见而又短暂。对于韦伯来说,科学思维验证了工具理性,而情感或者意识形态驱使的思想或行为是"实质理性"的特征。

工具理性或者说"形式理性"直接与"实质理性"相竞争。韦伯相信,当我们使用方法—结果或者成本—收益的分析方法来理解一种现象时,总会不可避免遗漏某些东西;当我们专注于达到目标以及达成目标的方法时,我们会忘记一些无法计量的价值以及我们的行为所唤起的情感。虽然韦伯非常肯定地认为,工具理性——在匿名、无情的科层体制下——将会支配我们的世界,但是理性化通常是一个细微得多的过程。实际上,在组织中采用理性化的步骤通常看起来是一个积极的建构过程。比如,在学校里,采用标准化的测试帮助入学委员会判定前景不错的学生,因为在各种不同的高中里评估学生的成绩是一项难以完成的任务。在许多企业中,常规化的培训项目、标准化的职工评估、系统化的离职会面,创造出了一种公平感与平等感:如果对待每个人的方式都是相同的,那么偏离这些标准的行为会尽快被发现和纠正。大多数人都有着与理性化的不快遭遇——举例来说,与一家政府机构或者官僚打交道,这些机构或官僚不会去打破看似荒唐的规则,然而同样这些人,也可能已从现存的标准实践中获利。

一直以来都很难真正弄清楚,当一种做法被常规化的时候,我们究竟失去了什么。比如,在银行业中,采用自动柜员机代替了我们与人工柜员的许多互动,但是与柜员互动有多大价值呢?当我们以便利的方式获益良多的时候,我们又该如何测定人类接触的损失呢?

在公众舆论传播领域,采用标准、量化的表达与测量实践,同样也会造成困难。民意调查确实为表达的公平性留有余地,因为在标准的民调中,所有的意见都会被平等地对待。然而,这些大众媒体中如此丰富的民调,可能已经替代了其他类型的表达。

不幸的是,我们不能够按照我们所希望的那样,严格地解决这些问题。模拟调查的扩散以及后来抽样调查的扩散都是一个渐进的过程,所以我们不能分析一段狭窄的历史时期,再聚焦于已经消失的表达形式。确实,要想找出确切的证据来证明某一特定的意见传播类型正在减少,非常困难,甚至当我们发现某些意见表达类型(比如,投票)在明显减少时,这些下降可能被归因于日益增加的政治疏离或者无助感,而并非是由于被其他的表达形式所取代。[1] 实际上,也许上升中的政治疏离是理解民意调查成功的关键。

政治学家们发现,公民对政府的信任,领导人回应公众需求时的情感("政治外部效能"),这两个调查变量的得分自 20 世纪 50 年代初期以来稳步下降。[2] 类似"水门丑闻""越南战争"这样的事件都是导致下降的原因,然而还有其他因素导致了这样的结果,比如主要政党无法动员他们的选民。[3] 在不断加深的政治犬儒主义、对公共官员缺乏信任以及普遍的政治疏离等背景下,民意调查变得十分普遍。有人可能会坚持说,这些都是加速发展理性化的公众舆论评估与表达技术的理想条件:第一,回应调查是一种政治表达的反应形式,回答民调人员的提问并不一定需要深思熟虑的分析、意识形态的信念或实际参与。第二,参与民调方便、快捷,因为其规范化的步骤,参与民调并不需要类似罢工、示威游行、上门游说或参加集会那种程度的激烈感情(或者心理)。实际上,民调人士所采用的高效的(而且相当轻松的)访问过程似乎很适合这样的国家,即党派主义、意识形态正渐渐被政治"独立"和政治怀疑主义所取代的国家。

一些参与民意调查的人士确实会对特定的议题有强烈的感受,写信给他们的国会代表,或者参与政治游行。我只是坚持认为,聚合数据表明了美国正在不断加重的政治疏离,也许与不断加深的公众舆论表达的理性化有关。我们无法获得确切的证据,证明民调或者其他形式的意见量化已经替代了更加激烈的、情绪化的、价值驱动的公众表达形式;不过,当人们对意识形态和政治缺乏兴趣之时,或许正是理性化技术蓬勃发展之日。

根据韦伯的形式理性与实质理性之间的权衡妥协(trade-off),可以提出这样的观点:民意调查之所以繁荣兴旺,是因为许多美国人不愿或不能以一种更加意识形态化、更加情绪化的方式来表达他们自己。尽管19世纪的整个后半段——这一时期党派主义和政治参与正汹涌澎湃——都在使用模拟调查,但模拟调查是情绪上高度兴奋的意识形态话语的一部分,而不是它的替代品。最近有一项针对1990年尼加拉瓜总统选举期间所进行的民调活动的个案研究,阐明了在公众表达中工具理性和实质理性之间的关系。此次选举,在丹尼斯·奥尔特加(Daniel Ortega)所领导的执政党桑地诺民族解放阵线(FSLN)与维奥莱塔·查莫洛(Violetta Chamorro)所领导的、受到美国支持的UNO党之间展开;这种竞争就是一场情绪上高度兴奋的竞争。事实上,这场意识形态斗争让人想起了19世纪的美国选举,那时候党派主义与情绪都是竞选中的重要元素。在这样的背景下,像调查研究员彼得·V. 米勒(Peter V. Miller)所发现的一样,民意调查不是被看作能够反映公众情绪的权威证据,实际上,即将到来的大选民调结果被看作是一种政治修辞,被运用于党派目的。米勒注意到,由许多机构所做的民意调查都被编进了竞选期间的意识形态争辩之中。结果,与选举结果有利害关系的人不能以一种"中立的"方式来讨论民调:

> 观察民调是在一个认识论的"阴阳魔界"中进行的,在这里人们的政治立场是首要的,而民调只是宣传的武器。中立的观察实际上是不可能的;观察者们被缺席打上了政治标签——"如果你

不站在我这一边,那你必定是敌人。"[4]

也许在紧张的意识形态政治冲突之中,或激烈的意识形态政治时期,用来表达观点(比如民意调查)的工具理性方式,与一些更为实质理性的传播行为(比如,示威游行、写信等),大概具有同样的价值。

民意调查与意识形态密切相关,因为在其他意识形态所驱使的政治表达形式匮乏之时,量化数据似乎最为重要。[5] 同样的,竞选管理——选举中的另一种工具理性元素——在政治疏离加剧的时候变得更加重要:现在竞选顾问被候选人视为关键的(元素),候选人希望动员看似冷淡的公众。[6]

符号、民调与权力

在本书中,我一直强调数字的符号性和工具性功能的相互作用——为了特定目的而收集量化数据的方式,这些方式也成为政治话语中的公共财产。过去,发送给报纸的模拟调查与群众计数通常在竞选期间,会被互相竞争的报纸所引用;如今,民调数据由调查机构或新闻机构收集公布,却被各党派用于他们自己的修辞目的。几年前,我与一位反对美国干涉中美洲的政治活动分子交流,我问她是否会充分运用民意调查。像其他活动分子一样,她会使用,她解释道:"我们会使用(民调),当民调对我们有利的时候,我觉得所有的团体都会这样。如果(民调)说60%到70%的民众反对支援尼加拉瓜反政府游击队,那我们会引述民调,也会使用民调。"[7] 量化数据的这些使用类型实属司空见惯,但在很大程度上被政治表达的研究者们忽视了。

对研究权力的学者们来说,意见数据的符号式使用十分有趣,因为这种类型的传播搅乱了对民调权力的标准信念。人们认为,民调被用来引导政治话语[8]、激发投票的"乐队花车效应"[9]、压制贫穷和边缘化的利益集团。[10] 这些假设中的每一个都有实证支持,尽管每一个都是社会科学的研究对象;所有的这些理论直观上看也具有吸引力,因为在选举期间民调确实看上去具有强大的影响力。但是,如果我们习惯于民调的符号性使用——各党派在一些公共辩论过程中使用民调的方法,民调权力的限度就成为一个复杂的问题。确实,不是任何一个团体都有资源去收集意见、散播民调的结果,但是,公布的调查结果也可能会被活动分子或利益集团所开发利用,这也是实情。如果人们要洞悉所宣称的民调权力,那么就必须深入评估进行民调的能力、私下使用民调的能力(工具式使用)以及民调数据被公布时操纵数据(符号式使用)的能力。

早前我考察了福柯的观点,即权力、知识,以及权力与知识如何采取话语与符号传播的形式融为一体。尽管这一点很明确,即通过"科学的"方法所产生的定量数据通常都被认为具有权威性,但这些数据不会总被看做正当性的话语。就像在关于群众规模的争论中,数量估算——不管如何小心地计算这些数据——也未必会是最受尊敬的公众话语形式。当我们按照权力话语来考虑民调时,似乎不能简单地将这些调查视作控制的工具或手段。使用民调的意识形态环境和历史语境尤为关键,然而,我们必须考察使用民调的语境这样一个简单的观念并没有影响到许多认为民意调查的权威性是与生俱来的那些学者、记者和公众。

当我们在评估仅仅出于工具目的使用数字的案例时,民意调查的权力问题变得更为复杂。一个例子就是本书中所研究的国会议员与记者。在 20 世纪 30、40 年代,公众舆论量化被认为是一种靠不住的做法,因为《文学文摘》在预测 1936 年的总统选举结果中输得太惨。结果就是,议员、编辑还有记者——他们持续地寻求选民的观点——并不把民调当做一种修辞利器。对于这些人来说,计算意见是一种有用的做法,但是他们收集到的统计数值很少用在公共辩论的语境中。当民意调查被用于私人目的的时候,它们果真是"权威的"吗?它们可能会派上用场,但是要说它们是控制的工具,也许夸大其词了。

在很多情况下,民调的工具使用与符号使用都紧紧地交织在一起,但是这两种功能间的联系在全国政治中最为明显。竞选官职之时,民调结果会告诉一些有希望的候选人他们应该如何努力、他们应该强调哪些议题,以及他们的竞选策略对选民的态度是否有影响。[11]正如 V. O. 基、金斯伯格以及其他人所指出的,已经在位的人士在采用新政策之前会使用私人民调数据来"试水"公众舆论。在符号层面,在认为这些数据肯定将影响公众对他们的看法时,政治家、候选人以及竞选工作者通常会发布私人民调数据。虽然约翰·F.肯尼迪经常求助于民调人员获取信息,但是林登·约翰逊甚至更加习惯于私人民调的修辞价值。在一项针对约翰逊如何使用民调的研究中,布鲁斯·阿特休尔(Bruce Altschuler)留意到,约翰逊委托进行了各种各样的民调来达成他的目的。当这些私人民调看起来在符号上是有用的,这位总统会采取特别措施来公布民调结果:

> 因为约翰逊有着太多的私人民调可供使用,向传媒透露任何比公共民调更加有利的私人民调毫不费力。约翰逊的主要民调人员是奥利弗·奎尔(Oliver Qualye),在 1964 年到 1968 年之间,他定期在几个单独的州或是州的某几个地区进行民意调查。因为盖洛普、哈里斯民调机构采用全国的样本,可供媒体使用的相当多的材料是"矛盾性"的、结果不利的。尽管在公共民调结果不利的时候,泄露私人民调会有用处,但在约翰逊政府的早期阶段,当其支持率还高的时候,这些私人民调就不会被使用。[12]

有趣的是,尽管这样的观念被广泛信奉,即民调并没有提供有关公众情绪的"真实的"图景,但民调还是被工具性、符号性地使用了。民调人士自身充分意识到在进行全国性民调的过程中会产生各种误差。[13]候选人、利益集团领导人、公民,对于与民调相关的方法问题颇有经验。[14]比如,很多人都知道民调问题的措辞方式会影响到意见的分布;很多人也都理解,进行民调的时机也会影响民调结果。但这些自抽样调查首次被引进以来就一直伴随着我们的对民调误差的疑虑与意识形态有关:在民调结果与人们的信念相矛盾的时候,人们往往对民调方法更为挑剔。在 19 世纪,当模拟调查的数字与记者们的利益和立场相悖时,记者们会质疑模拟调查与群体估算。20 世纪,对民调结果的认知过程的试验显示:当民调结果与人们的思想意识不相容时,他们对民调方法(的信任)会大打折扣。[15]当一项民调挑战人们自身的态度时,他们更有可能去批评样本的规模、问题的措辞、民调的可靠性。

数字和冲突

人们之所以要将公众舆论量化,原因之一是想要化解在公众态度的性质上相互冲突的争论。在《民主的脉搏》中,乔治·盖洛普和索尔·瑞(Saul Rae)论证说:选举、报纸还有其他公众舆论的指针并不能足够准确地评估公众情绪;选举的结果并不一定能提供关于公众舆论的确切数据,因为人们可能投票给一位候选人,但还是会反对他的施政纲领;而且,选民们会在一些议题上同意一位候选人,但是在许多别的议题上又反对他或者她。基于这些简单的事实,《民主的脉搏》的作者们问道,我们该如何从大选结果中感知公众对各种议题的情绪呢?早期的民调人员论辩说,报纸是各种意见的有用测量,但也不是非常靠谱。盖洛普和瑞对引用詹姆斯·布赖斯将报纸描述为"风向标"的话解释道:

> 因为报纸塑造公众舆论,同样也反映公众舆论,也因为报纸通常会在相反、矛盾的方向上发挥影响力,它们有时候会变成让人困惑不解的"风向标"。忙碌的立法者浏览着从所有地理区域中提取出来的当天社论专栏或者仅限于一个城市的社论专栏,他立刻就陷入了意见相左的解读之中、陷入了向他提出的彼此冲突的解决办法之中。一篇社论坚持认为民众坚决支持禁运武器和军火;另一篇仅仅宣称公众舆论要求立马改变这一立场。他要相信哪一个?[16]

在坚持认为报纸跟大选都提供关于公众舆论性质的形形色色的线索之后,盖洛普和瑞提出问卷调查作为自己的例证。他们主张,尽管还在"实验性阶段",但民意调查要比以前的评估技巧产生更佳的信息;民调能回答公众关于情绪的问题。

严格抽样、意见测算可以阐明公众情绪的性质,这一简单观念似乎无法用来描述今日测量的诸多功能。尽管非科学的模拟调查与群体估算总是争论的来源,但甚至当代的"科学"民调也能够催生对公众情绪的困惑,而不是澄清了公众情绪。实际上,虽然学术界和大众话语对民意调查的批判并不罕见,但只有偶尔,记者们才会尝试去评估他们经常使用的民调数据的意义和价值。在呈现民调数据的语境中提出批评的时候,批评常常是浮于表面的,因为记者可能没有时间、版面,甚至没有想到去建立一种富有见识的批评。最近登在《芝加哥论坛报》上的一篇文章就是个例证。这篇文章名为《数字足以证明你无法量化生活》("Numbers Serve to Prove You Can't Quantify Life"),报道的是 1991 年芝加哥区域调查,其作者质疑了有关城市生活的部分调查发现。他从哲学层面上注意到:

> 调查统计可能给人启示,也可能令人失望(就像筛查陌生人的钱包)……(这些调查结果)意味着,郊区比城市更好吗?郊区全都是安全而繁华的吗?……未必。这就好比在问一只杯子是半满的还是半空的一样,答案取决于你的看法。[17]

尽管很多记者确实凭直观就可以掌握与民意调查相关的方法问题,但这些问题在含有民调数据的报道中通常都被记者忽略。产生这一问题的部分原因在于很多记者完全不理解民意调查的程序或民调结果的含义。[18] 就像《华盛顿邮报》的民调主任理查德·莫林(Richard Morin)所说的,"民调的技术正在变得日趋复杂,但记者没有总是跟上这些变化:我们中间的那些人对数字、人口分布、民意调查、计算机、信息图表……还有政治科学背后的科学一无所知,不能为读者或者观众提供服务"[19]。但因民调中的缺陷或者民调的滥用而责备记者是不公平的,因为有许多人尽可能负责地使用民调技术。成百上千的人——从对访员坦诚或者不坦诚的匿名受访者,到为民调结果而写作的记者——都导致了调查的问题。应该牢记的是,民调是一种社会实践,而非个人实践。

尽管调查的方法在进步,但是民调结果还是会出现冲突,虽然没有达到 19 世纪的那种程度。[20] 民调通常提供的只能是公众情绪肤浅的一瞥,不是那种对大众信念有层次感的、复杂的阐释。不管民调进行得如何充分,它提供的仅仅是关于大众舆论的一个碎片证据。[21] 既然如此,也许最好的做法是将这些民调数据作为出发点——作为辩论的起点而非终点。如果我们认为这些数据是有用的——尽管并不确定——证据,那么,我们将认为,民调给我们带来的烦恼会少很多。1988 年的总统竞选、1992 年的初选季,人们对民调怨声载道:公民、活动分子,甚至记者们都觉得,仿佛民调正在决定选举结果,取代了诚恳的、非标准化的表达。但民调不需要取代那些政治讨论中不太理性化的政治讨论或者报道形式。19 世纪使用模拟调查的一条教训就是:定量数据应该促使我们参与讨论,而不是避免讨论。

意见量化和民主理论

公众舆论的理论家们最近几十年反复提出的一个问题,涉及民意调查对民主的影响。在关于问卷调查的优势地位的书籍与文章中,很多作者都停下来去质疑这种量化对政治参与和话语性质的影响。[22]既然美国一直在量化公众舆论——尤其在总统竞选期间——提出这些问题似乎有些奇怪:意见量化拥有这样长久的历史,为什么要对20世纪晚期数字的公共表达提出这样的问题?事实上,随着抽样调查的引入,数字化描述意见一直在加速发展,一直在发生改变,有许多原因促成这项追问。

一种评估民调影响的办法是将民调视为公众舆论不断增强的理性化趋势的一个部分。如同我在第三章所提到的,随着时间的推移,公众舆论的表达与评估技术已经变得更加常规化、系统化。在民主理论的语境下我们该如何理解这些趋势呢?根据韦伯的观点,这一问题最好用理想类型来回答。如果我们采用经典民主作为一种标准,或者作为一种理想类型来达到理论化目的,那么不断增加的意见理性化的后果就变得显而易见。

在一个政府"受托人"模式被广泛接受的时代,大多数民主国家幅员辽阔,全体国民直接参与政府似乎不太可能,雅典式的民主理想似乎有点儿无关紧要——这是一种来自过去、古怪而又不切实际的观念。但经典民主的各种维度——公开辩论、直接参与、多数原则——对政治哲学家来说一直很有用处。把我们的民主制度形式"映射"到经典民主理论上,我们就能理解我们的实践是如何与其相似,却又是如何与之偏离的。[24]

要总结经典民主理论的教义是困难的,因为这一理论已经被多种不同的方式阐释过。被安置到"经典理论家"这一类别下的作者构成了折中派,包括让-雅克·卢梭、夏尔·德·塞孔达·孟德斯鸠、杰里米·边沁、约翰·杜威、雷蒙·威廉斯这样的思想家。不过,这些不同版本的理论中间有着足够广泛的共通性,政治哲学的学者们能够思考经典民主理论,关于其含义也不会有太多混淆。

经典民主理论被许多学者当做规范性标准,这一标准我们可以运用到我们的当代治理过程中。经典民主有三个突出特征:"共同利益"或者说"民意"的中心性、大众最大限度的参与政府、对政治的理性探讨与争论。[27]

在政治理论家们中间,关于"什么是共同利益""共同利益又是如何决定的"讨论是数个世纪以来探讨政治参与的关键。许多作者都对公众舆论感兴趣,包括洛克、卢梭、边沁;他们都认为公众舆论跟公共利益之间可以互换——公众舆论最简单,就是价值与目标的社会共识。尽管这些作者以及其他人将公众舆论与公共利益等同起来,但是这种定义从来没有变成一个公约。在此处的讨论中,我会把有关民意如何清楚表达(或者不是)的争论放在一边,以便集中于经典民主的两个特征,这两个特征与接下来要讨论的论据直接相关,即民众参与政府的程度以及这种参与的性质。

经典民主理论的核心是重视大众成员的参与度。[28]柏拉图和亚里士多德都倾向于拥有一个规模较小的政体,这样公民就都能熟悉彼此并且有充足的机会参与到政治讨论和决策中。[29]稍后,边沁以及与他同时期的一些人争论说,最大程度地参与政府活动是符合公民个人与作为一个整体的社会的最大利益。[30]

尽管公民参与据说能够促进政治决策的过程,能够创建一个正义的社会基础,但公民参与的个人收益处在许多经典理论的核心。莱恩·戴维斯(Lane Davis)注意到,在这些民主理论中,人们要在德行上发展只能通过政治行动。[31]个人最大程度地参与政治过程产生了一种理性的、自由流动的话语,这种话语针对的议题是国家组织和共同利益。[32]托克维尔描述19世纪的美国政治参与和讨论,接近于在描述经典民主理论的话语成分:"参加社会的调节,然后讨论这件事(指参与社会调节——译者)是他最关心的问题,可以这么说,这是美国人所知道的仅有乐趣。这种感受遍及日常生活中最琐碎的习惯中。"[33]

经典民主理论中的这些元素——公民最大程度地参与政治辩论和广泛的话语——在当代实证的政治理论中已经逐渐变得无关紧要。约瑟夫·熊彼特是提及政治冷漠、研究政治疏离的首批人之一;他还提到经典民主理论模式把现代政治活动描述得有多么糟糕。[34]卡罗尔·佩特曼(Carole Pateman)回顾经典理论的辩论之后总结道,"经典民主"的存在仅仅是一个传说。[35]

尽管存在着争论,即哪些理论家可以被贴上"经典"的标签,而哪些理论家不可以,或者关于一些理论变化的特定细节的争论,经典民主中两个重要的元素——广泛参与、自由流动的话语——是规范理论中被广泛认同的两个维度。对于公众舆论的学者来说,问题不在于民主社会是否展现了经典模式的所有特征(它们显然没有),而在于这些民主社会朝着理想的模式走得更近还是离得更远。我们当代的公众舆论表达和测量技术是否抓住了雅典民主中的某些原则?或者,公众舆论的表达技术的历史发展是否显示我们正在远离这些经典理想?

由此可见,意见调查并非将我们带离古典民主模式的唯一力量,但是它在国家政治中的出场正是这种偏离的症状,而且民调也许正在加速以下这些趋势:民调所鼓励的是一种形式结构的、反映式的参与,令我们无须以自己的方式表达、质疑与评判。有证据表明,民调可能会鼓动"随大流式"的投票,并以此来抑制某种形式的政治参与。[36]当然,这方面的研究还没有形成定论。比较确定的有可能是民调(当然还有其他力量)抑制了政治讨论、政治辩论,而从塔尔德到哈贝马斯都坚持,谈论是建立民主公共领域的基础,而民调似乎并不激发人际交流。在某种程度上,民调使得政治讨论变得多余,因为民调给人一种公众已经用肯定的方式言说了的错觉。当民调公布出来,总统跟政策制定者说他们会留意这些民调,那还有什么好说的呢?[37]

我的论点不是民调毫无用途,或者说它们对投票不利。相反,我主张,民调僵硬、结构化的特征通过界定公共辩论的边界、通过影响记者报道政治的方式压缩公共话语的范围。这些观点并不新鲜;迈克尔·罗宾森(Michael Robinson)、玛格丽特·希恩(Margaret Sheehan)、查尔斯·艾克汀(Charles Atkin)以及其他人都写到过这些影响。但是,他们还没有把民调的问题与公共领域普遍日渐增加的理性化联系起来。[38]

民意调查和测量实际上很有用处。如同我们已经看到的,美国的政治家、记者早就认可了这些方法的效用性和这些聚合技术的工具性价值。现代的调查技巧使得民调人员能够抽取美国人的代表性样本,这是一项重要且值得去做的努力。过去的公众表达技巧——比如咖啡馆、沙龙、请愿书——并没有想要全面代表所有公众的观念。但对于民主理论的学者来说,问题是,民调是否削弱了其他形式的政治表达,也因而改变了公共领域的范围。既然民调如此权威,我们倾向于认为民调是可信的,但是,就像如此众多的人士指出的,民调远远算不上完美。我们会听任民调决定公共辩论的走向吗?

调查研究人士正在努力改善民调的品质,但是他们无法控制在公共辩论中如何使用民调。从修辞的立场来看,民调非常宝贵,政治家和利益集团充分了解其力量。不管一些调查研究者如何小心谨慎,量化数据常常会被记者、压力集团、公众误解或歪曲。既然民意调查可以被抽去语境、被曲解,我们就应该一直质疑它们的价值。在过去,如同我们所看到的,美国人质疑那些据说是代表公众舆论的数据的价值。但是,我们用于量化政治情绪的技术一直在进步,这样的一个简单的事实并不意味着我们的质疑就必须停止。

在19世纪,党派记者使用模拟调查与群众估算来促进自己的意识形态立场,动员选民。到了20世纪,记者编辑将抽样调查看作是收集信息的工具,往往不从修辞角度使用抽样调查,但这并不是说,民意调查就不塑造新闻了。只要想一想最近总统竞选中的情景,就能明白,选前民调会帮助记者对候选人产生偏见:有些候选人被视为领跑者,有些人被视为输家,记者们通常会根据这些观察主观地报道新闻。从某个层面来看,这么做不存在任何问题,因为某个候选人确实就是领跑者,但从另一个层面来看,这种做法是危险的:候选人的许多行动被误解、被报道或者被忽略,都是源自记者根据民调先入为主的偏见。

尽管有太多针对现代民主的批判[39],但政治科学中的新近著作探究了民主发挥作用的方式——特别是公众与政策制定者之间成功传播的情形。[40]比如,本杰明·佩奇(Benjamin Page)和罗伯特·夏皮罗(Robert Shapiro)在其综合性著作《理性的公众》(*The Rational Public*)中主张,美国人的政策偏好(在许多政治议题上)随着时间的迁移而变得相当稳定。他们证明了,政策制定者们通常会注意到这些偏好,而且,问卷调查是揭示公众情绪的最佳工具。[41]

此类对民调有用性的讨论是令人信服的,我不想争辩。民调确实捕捉到了公众偏好一个狭窄的维度,但民意调查的影响是复杂的,有时候是令人不安的,因为调查数据作为符号,被轻而易举地运用到政策辩论之中。佩奇和夏皮罗自己论辩说:在所有辩论中,政策制定者与公众的偏好在三分之一的议题上无法做到"步调一致"。讨论这一点的时候,作者做了如下假定:缺乏一致性是因为没有适合的信息:在某些议题上,政策制定者或者媒体向大众传递了错误的信息,因而大众对这些议题的关注度很低。在这些情况下,政策精英们就能"管理"公众舆论而不是关注公众舆论。

我相信,恰恰就在这段时期内,民调的符号性和修辞性价值变得关键。政策制定者可以利用民调(以及其他符号)来操纵公众的偏好。既然量化数据如此权威,对精英们就特别有用:如果政策制定者能够表明公众支持他或她,那么继续操纵公众偏好就变得更加容易。

佩奇和夏皮罗还证明了一个论点:尽管在公众偏好和公共政策活动之间有许多一致性,但美国的政治话语并不全是一个"意见市场"。他们坚持说,通过大众媒体,公众可以使用的政治讯息通常反映了富有公民、有权势的机构或政府的期望。似乎在这样一个所谓的"市场"中,民调可以用于让某些意见获得正当性,也可以让某些意见失去正当性。如同我们所看到的,19世纪的政党一直积极参加数字的争斗。如今的状况稍有不同:由于设计、实施一次抽样调查所需要的花费要比模拟调查多得多,那些没有资源的人就无法进行民调。讽刺的是,能够帮助政策制定者判断公众需求的民调有时候会被用来操纵同样的公众。

正如很多政治学家所认为的,公众需要更好的信息、更多的途径来直接参与到政策制定之中,然而民意调查——聚焦点非常有限——却始终在塑造政治辩论,直到公众运用他们所能获得的信息并对政治展现出更多的兴趣。

民调可能会抑制政治讨论,但一些新型的、实验性公众舆论表达在变得更加理性化的同时,也更加明显地与古典民主模式相冲突。一个例子就是几年前在俄亥俄州哥伦布市进行的 QUBE 试验。[42] 华纳—艾麦克斯(Warner-Amex)引进了 QUEB 系统,这个系统能够让有线电视的用户在政治节目播放期间回答一些问题。观众可以使用一台

"按钮控制器"来投票,QUEB系统会在几秒之内收集他们的回复。在某个案例中,一个地方的城市计划委员在广播中举办一个会议,向观众提出问题,而观众可以马上通过他们的控制器来显示他们的看法。尽管这个"电子民主"实验在很多方面行不通,但是将其作为意见理性化的一个极端例证,还是很有趣的。

QUEB系统以及其他类似系统,在某种程度上,旨在促进公民直接参与政治。从长期来看,这种技术的大规模采用是否能增加政治参与,还是个未知数,但是这些方案代表了一种新型的意见测量——这种测量将民意调查提升到更加复杂的层面。与抽样调查这样聚合意见的方法相一致,这些计算机网络带来的仅仅是最低限度的政治表达形式。像QUEB这样的系统在使用互动技术方面有创新,但并没有提升公众讨论的品质;如同民调一样,这样的系统所带来的舆论表达是结构化的、私人的、匿名的。显而易见,此类表达远远不是经典民主理论所概述的政治讨论模式。某种意义上,这种工具理性方案似乎不适合那些更小的社群,它们希望增加有意义的政治对话、政治参与。持续不断的人际交流扩大了公共领域,这种方式是民意调查或者"电子民主"计划从来无法实现的:当人们必须为他们的观点负责并且公开辩论的时候,政治话语会变得富有趣味、令人兴奋。社群要增加政治对话,就应当配备那些为直接的、非结构化的政治参与留有余地的传播流技术。[43]

公众舆论过程的重新概念化:走向全新的研究议程

自早期抽样调查以来,公众舆论学者已经就测量公众态度获知良多,所实施的民意调查的总体数量急剧增加,越来越多的新闻机构、候选人、公司想要委托调查。从这些调查中获取的数据被认为是权威性的,或至少被视为是理解反复无常的公众情绪之最为客观的方法。在本书的写作过程中,我一直尝试评估问卷调查在文化中的角色,同时也质疑这一角色。看起来,公众舆论研究者自身——不管他们多么重视理论——没有对他们的实践提出许多深入的、富有历史知识的批判。事实上,公众舆论研究者们还在设法应对社会学家赫伯特·布鲁姆(Herbert Blumer)40多年前对测量研究与民调活动的抨击。[44]

布鲁姆的批评经得起时间的考验,原因是他洞悉民意调查的方法,并且预见到了民调数据将在公共舞台上获取的正当性。他注意到,舆论研究者被误导了,在某种程度上是因为他们将各种观点去语境化了:没有把公共舆论的形成与变迁放在更为宏大的社会进程之中进行研究,相反,公共舆论研究者回避了身份群体及其间的权力关系研究。布鲁姆深信,集中于测量工具的改进这样的做法是成问题的,对社会理论家来说并不是特别有用:

> 尝试通过民意调查来研究公众舆论的那些人如此地拘泥于他们的技术,一门心思地完善他们的技术,以至于他们回避了核心问题,即他们的技术是否适用于他们表面上想要研究的东西。他们的工作大体上仅仅就是应用他们的技术;他们对公众舆论特性的独立分析并不关心,而独立分析的目的是判断他们使用的技术是否符合公众舆论的特性。[45]

当代调查研究者意识到了公众舆论调查的缺陷,他们的忧虑很容易在学术期刊的页面上发现。纵然有些社会理论家有很好的理由,不相信调查研究作为理解舆论的工具,民调的运用仍应该对他们具有很大的价值。促使量化舆论技术发展的工具理性以及这些技术被使用的许多方式,尚未引起足够的学术注意力。

在本书的研究中,我试图在美国政治历史的语境下去探究其中的一些议题,最感兴趣的就是数字化的意见描述所具有的双重角色——在公共领域中的工具功能与符号功能。在结束之前,我想就公众舆论领域中的进一步理论化与研究提出一些思路。

理性化的坎坷之路

虽然公众舆论的表达和测量技巧已经变得越来越系统化,但是这种趋势并不顺利。有时候,公众舆论表达可能实际上变得不那么理性。比如,当代一些记者论辩说,在总统大选期间,应该给民意调查补充一些有关公众情绪的定性资料。因而,几家著名的电视网记者[比如 ABC 新闻的彼得·詹宁斯(Peter Jennings)]在 1988 年竞选期间特别卖力地与公众谈论了候选人和议题。偶尔,夜间全国新闻广播里的好几分钟都贡献给了小城镇的酒吧、咖啡店以及工作场所中所采访的"普通美国人"。尽管民意调查在未来的竞选报道中最可能发挥很大(或更大)的作用,但是我们也许还会看到更多的理性化意见的替代品。[46]

在政治精英和公众中间,对民调的抵触可能比我们想象的更值得注意。研究一下民调没有办法帮助精英以及在关键时候这些行动者实际上忽视问卷调查,这也许最有启发意义。在什么情况下,政策制定者、记者、利益集团领袖,还有其他卷入政治的人会忽略民调?在什么环境下,给予民调数据的关注,要少于给予质化的公众舆论指标的关注?对精英的访谈是回答这些的关键部分,但人们同样可以分析国会听证会、演讲、新闻文章和社论、立场文章,还有其他诸如此类重视使用民调的文档。

对公众缺乏政治兴趣和政治参与的研究也透露了对意见理性化的挑战。在选举期间,民众抱怨民意调查在媒体上铺天盖地,但是他们是如何处理这一信息的呢?具有政治认知分析这一专业技能的研究者能够探究,在他们的政治信仰、政治行为的语境中,民众如何使用或者如何思考量化的意见数据。[47]我曾经探索性地采访过受教育程度高的选民,发现有些人对民调数据的有用性非常怀疑;很多人说他们不相信民调,还有些人说他们不去注意媒体报道的民调结果。[48]这些对待民调数据的态度可能显示了更大程度上的政治疏离感和政治犬儒主义,或者也可能仅仅代表了精英选民自己对民调特别的厌恶。深度采访单个公民最有可能揭示选民们对民调的态度,但也可能通过实验室试验或测量研究达到这一目的。一些传播学与新闻学研究者已经开始研究人们所感知到的民调可信度。[49]

来自新近大众传播研究的结果,对于理解公众对民调的抵触或不信任,特别有启发意义。最近十年中,许多研究者对电视观众进行了民族志研究,试图弄清楚人们从电视节目中能够获得的意义。其中几位学者发现,大众文化的消费者(比如,电视受众、浪漫小说读者、肥皂剧观众,等等)通常会抵制编码在这些文本中的讯息,批判性地处理这些信息,或者根据他们自己的信仰体系重构意义。[51]这些研究人员所使用的阐释性研究方法,还有他们对观众/读者与文本之间的关系的兴趣,都是深入理解在意识形态语境下人们如何处理民调数据的范本。[52]

公众舆论的含义和技术

公众舆论的含义,就像我们看到的那样,随着时间的推移而发生了极大的变化。在过去,大众情绪被认为是群体互动的产物,或者大众情绪被编码进了一种或另一种公共行动中。随着民意调查的出现,公众舆论的实质发生了转型:我们现在最有可能把公众舆论看成是调查的结果,是针对彼此没有联系的个人、秘密地同时又科学地完成的。随着语义和方法的变化,公众舆论在人们感知中的角色发生了质变,然而,很难去判断公众舆论对总统、立法者、记者、公民自己来说,是变得更重要了还是不重要了。因为公众舆论的含义发生了变化,我们知道,18世纪或者19世纪关于公众舆论价值的论述无法与当代的论述相提并论。这种可比性问题的一个例证是亚伯拉罕·林肯关于其"公众舆论浴室"的沉思。

1863年期间,当内战正酣之时,一位来自纽约、名叫查尔斯·哈尔平(Charles Halpine)的记者在白宫拜访了总统。[53]让哈尔平感到意外的是,林肯站在宏伟的接待室里,真的接见了"代表各个阶层的"一大群男男女女。哈尔平觉得林肯可以通过筛选的方式更为有效地应付民众来访,他向林肯提出这样的建议。林肯回复说他得重视普通民众的来访。他对哈尔平的解释值得在这里详尽引用:

> 我觉得——尽管我的时间很紧张——不过让我再一次直接接触到我们全民中的普通民众并沐浴在民众的氛围之中,我的工作时间没有比这样来利用更好的了。一味周旋于官场的人容易变得官腔十足——这么说并非武断——在他们的观念里,随着时间的流逝,越来越容易忘记了,他们是以代表的身份才掌握权力的。现在这样就完全不对了。我参加的接待会杂乱无章,所有会见者声称每周找我两次,而且每位请求接见者都需要排队,就像是在理发店里等着刮胡子一样。有许多要我关注的事完全是无

足轻重的小事,但有一些事或多或少比较重要。这一切让我重构了一幅更为清晰而生动的民众聚集的盛大图景,而我来自其中,并且两年任期结束后我也必将回到其中……我跟你说……我把这些接待会称作我的"公众舆论浴室",因为我只是很少有时间去读报,故而通过这种方式收集公众舆论。尽管"公众舆论浴室"不会在所有细节上都让人感到满意,但是就我的责任感和使命感而言,其效果总体上具有革新意义并且鼓舞人心。[54]

从这些以及其他林肯的引语中,有一点是清楚的,即林肯至少部分地把公众舆论看作是话语与交流的产物。这种与普通公民的谈话比今天唾手可得的定量意见数据,更多地让人回想到第三章中所提到的咖啡屋谈话。林肯跟 19 世纪的其他政治家一样,运用许多不同的方法来评估公众舆论——在他的"公众舆论浴室"里对话、报纸社论、投票总数、党派官员的报告,诸如此类。但有一点是可疑的,即 20 世纪晚期的美国总统会每周举行两次这种会面,或他把这种聚会看作是代表了公众舆论。公民确实还会到访白宫,也会受到总统或者他的工作人员的欢迎,领导人跟选民谈话。但是这些讨论不可能被认定为"公众舆论":人们认为公众舆论是由民意调查最为可靠地测量的,而且自肯尼迪以来的美国总统就广泛使用调查研究。

假如我们想更好地理解公众舆论的含义是"如何"以及"为何"随着时间而变化的,我们需要更加严肃地全神贯注于这些议题。哈伍德·查尔兹(Harwood Childs)[1]所收集的公众舆论定义很有用处,但这些定义都是由理论家和哲学家提出来的。我们对政治行动者——政治家、记者、选民——讨论和思考"公众舆论"的方式还所知甚少,很显然,学者们需要更加缜密地从话语和历史角度分析这个词语。例如,可以使用一直持续刊登的文本,比如国会议事录、总统就职演讲,或者是报纸的社论,分析"公众舆论""公众情绪"这样的词语是如何使用的,在哪一段历史时期这些用法开始改变?另一种研究方法可能需要研究重大的政治动乱或者是意识形态转型时期引人注目的文本,比如在"内战""大萧条"还有 60 年代后期,"公众舆论"这样的短

---

[1] 此处英文版中的原文写成了 Harwood Child's。根据上下文语境以及作者此处想要表达的内容,疑似是原作者或原出版社 Harwood Childs' 的笔误。——译者

语在公共话语或私人通信中是如何使用的？这些研究计划令人望而却步，但如果我们要把公众舆论的历史趋势概念化，这些研究非常关键。在这本书中，我提供一种针对变化中的意见技巧的分析方法，这一方法运用了理性化理论。最后，学者们应当把变迁中的技术研究与公众舆论的语义研究相结合，并将这两类研究的历史都"映射"到美国政治趋势上去。

反思公众舆论

建立公众舆论理论，一直是反思民主进程的一部分。随着测量与表达技术本质上的变革，我们拥有越来越多的著作和期刊研究大众情绪。重新思考我们研究公众舆论的方式以及公众舆论在公共领域中的角色，现在正当其时，许多新鲜而重要的问题应当统领我们对公众舆论的思考。

政治学家们致力于研究民意调查与公共政策之间的关系，但是，关于民意调查对政治话语和政治行动的影响，我们知之甚少。比如，如同一些活动分子让我们所相信的那样，民意调查削弱了人民的力量吗？人们没有示威游行，没有写信给公共官员，没有与他们的邻居讨论议题，难道是因为公众舆论通过民调工作者"发言"了？问卷调查是否已经取代了政治行动，甚或，如果选举中媒体上没有出现如此众多的调查，那么政治参与度会依然很低吗？

公众舆论研究是一个古老的研究领域。从柏拉图和亚里士多德开始，数以百计的作者和哲学家关注着大众意愿的内在性质与重要意义。学者们对于这些数量庞大的文献资料，一直具有很大的兴趣，他们时常回到托克维尔关于"多数人的暴政"这一见解上，或者回到马基雅维利关于操纵大众情绪的著作中。然而，自19世纪、20世纪的意见理性化与量化之辉煌时期以来，对公众舆论必须提出的基本问题，与以往相比大为不同。量化的舆论数据随处可见，但它们是否使政治话语变得更加"民主"或者实质上更加"理性"了呢？从本书的研究来看，使用数字来描述大众情绪并没有鼓励政治参与或者显著提升政治话语。即使对政治候选人、记者、总统等人来说，问卷调查在工具层面、符号层面是很有价值的,民意调查对政治表达的影响并没有早期民调人士曾经希望的那么引人注目。

注　释

1. 关于美国(公民)投票率的下降,参见 Frances Fox Piven and Richard A. Cloward, *Why Americans Don't Vote* (New York: Pantheon, 1988)。

2. 参见 Paul Abramson, *Political Attitudes in America: Formation and Change* (San Francisco, Calif.: W. H. Freeman, 1983)。

3. Martin P. Wattenberg, *The Decline of American Political Parties, 1952—1984* (Cambridge, Mass.: Harvard University Press, 1986)。

4. Peter V. Miller, "Which Side Are You On? The 1990 Nicaraguan Poll 'Debacle,'" *Public Opinion Quarterly* 55 (1991): 281—302.

5. 在设计民调问题时,调查研究者自己设法避免意识形态偏好。尽管本·金斯伯格已经富有说服力地论辩说,因为政府试图控制民众而留意到民调前普选,但民调人士并不想要这种控制:对公众进行意见调查仅仅是一项有趣的工作,一项许多组织愿意付钱的服务。

6. 关于候选人和未来的候选人对政治顾问依赖的方法,参见 Larry J. Sabato, *The Rise of Political Consultants* (New York: Basic, 1981)。

7. 此次访谈来自 1990 年春天所进行的探索性研究,"大众媒介和公众舆论:公民对政治现实的建构"。

8. Pierre Bourdieu, "Public Opinion Does Not Exist," in A. Mattelart and S. Siegelaub, eds., *Communication and Class Struggle* (New York: International General, 1979), pp. 124—30.

9. Daniel M. Merkle, "The Effects of Opinion Poll Results on Public Opinion: A Review and Synthesis of Bandwagon and Underdog Research," paper delivered at the forty-first annual conference of the International Communication Association, Chicago, 1991.

10. Ginsberg, *The Captive Public*.

11. Sabato, *The Rise of Political Consultants*; James R. Beniger and Robert Giuffra, "Public Opinion Polling: Command and Control in Presidential Campaigns," in A. Heard and M. Nelson, eds., *Presidential Selection* (Durham, N.C.: Duke University Press, 1987)。

12. Bruce E. Altschuler, "Lyndon Johnson and the Public Polls," *Public Opinion Quarterly* 50 (1986): 285—99; the quote is on p. 291.

13. 参见 Sabato, *The Rise of Political Consultants*, or Richard Morin, "Do You Agree or Disagree That Election Polling Needs Improving"? *Washington Post National Weekly Edition*, 20—26 May, 1991, p. 37。

14. 虽然我的证据不是很可靠,我所采访的政治活动分子与非政治活动分子都严厉批评民调方法,只有一些人清楚抽样的机制以及与之如影相随的误差,但许多人理解:问题所处的位置和措辞能够影响到调查结果。

15. 参见 Daniel M. Merkle, "The Impact of Prior Belief and Disclosure of Methods on Perceptions of Poll Data Quality and Methodological Discounting," paper presented at the annual meeting of the Association of Education in Journalism and Mass Communication, Boston, August, 1991.

16. George Gallup and Saul Rae, *The Pulse of Democracy* (New York: Greenwood, 1940), p. 23.

17. George Papajohn, "Numbers Serve to Prove You Can't Quantify Life," *Chicago Tribune*, 1 May, 1991, p. 18.

18. 参见 David L. Paletz et al., "Polls in the Media: Content, Credibility, and Consequences," *Public Opinion Quarterly* 44 (1980): 495—513, and Peter V Miller, Daniel M. Merkle, and Paul Wang, "Journalism with Footnotes: Reporting the 'Technical Details' of Polls," in Paul J. Lavrakas and Jack K. Holley, eds., *Polling and Presidential Election Coverage* (Newbury Park, Calif.: Sage Publications, 1991), pp. 200—214。

19. Morin, p. 37.

20. John P. Robinson and Robert Meadow, *Polls Apart* (N.Y.: Seven Locks Press, 1982).

21. 对民意调查所存在的种种问题提出的方案有洞察力的讨论,参见 Irving Crespi, *Public Opinion, Polls, and Democracy* (Boulder, Colo.: Westview, 1989)。Crespi 证实了这一点,即依靠少数民意调查或者没能搞清楚公众舆论的复杂性与易变性,导致人们对大众情绪一知半解。

22. 参见 Crespi, *Public Opinion, Polls, and Democracy*, or Barry Sussman, *What Americans Really Think and Why Our Politicians Pay No Attention* (New York: Pantheon, 1988)。

23. 有关代议制与直接民主的问题,参见 F. Christopher Arterton,

Teledemocracy: Can Technology Protect Democracy? (Newbury Park, Calif.: Sage, 1987); Benjamin Barber, *Strong Democracy: Participatory Politics for a New Age* (Berkeley: University of California Press, 1984); and Jane Mansbridge, *Beyond Adversary Democracy* (Chicago: University of Chicago Press, 1983)。

24. J. Roland Pennock, *Democratic Political Theory* (Princeton, N.J.: Princeton University Press, 1979); Joseph A. Schumpeter, *Capitalism, Socialism, and Democracy*, 3d ed. (New York: Harper & Row, 1962).

25. Robert Dahl and Edward Tufte, *Size and Democracy* (Stanford, Calif.: Stanford University Press, 1973), pp. 4—12; L. Davis, "The Cost of Realism: Contemporary Restatements of Democracy," *Western Political Quarterly* 17 (1964): 38.

26. 参见 Davis, "The Cost of Realism," or Schumpeter, *Capitalism, Socialism, and Democracy*。

27. Carole Pateman, *Participation and Democratic Theory* (Cambridge: Cambridge University Press, 1970), pp. 1—21; Schumpeter, *Capitalism, Socialism, and Democracy*.

28. 正如许多学者注意到的,在雅典,平民身份有着严格的限制,奴隶、移民和妇女都不是公民,不得参与我们经常联想到雅典式民主的各种政治形式。

29. Dahl and Tufte, *Size and Democracy*.

30. Pateman, *Participation and Democratic Theory*.

31. Davis, "The Cost of Realism," p. 41.

32. Ibid. 也可参见 David Held, *Models of Democracy* (Stanford, Calif.: Stanford University Press, 1987); H. Mayo, *An Introduction to Democratic Theory* (New York: Oxford University Press, 1960)。

33. Alexis de Tocqueville, *Democracy in America*, ed. J. P. Mayer (New York: Anchor, 1969).

34. Schumpeter, *Capitalism, Socialism, and Democracy*.

35. Pateman, *Participation and Democratic Theory*, pp. 17—21.

36. 参见 Merkle, "The Effects of Opinion Poll Results on Public Opinion," 回顾了对乐队花车效果的各种经验研究。也可参见 S. J. Ceci and E. Kain, "Jumping on the Bandwagon with the Underdog: The Impact of Attitude Polls on Polling Behavior," *Public Opinion Quarterly* 26 (1982): 228—42; L. Epstein and G. Strom, "Election Night Projec-

tions and West Coast Turnout," *American Politics Quarterly* 9 (1981):479—91; and R. Henshel and W. Johnston, "The Emergence of Bandwagon Effects: A Theory," *Sociology Quarterly* 28 (1987):493—511.

37. 关于大众媒介的衰弱效应,保罗·拉扎斯菲尔德和罗伯特·默顿在几十年前提出了类似观点。他们认为,媒介对政治的讨论使公民们自命不凡,仿佛他们已经见多识广,可见多识广并不促使人们采取行动。正如作者所写的:"感兴趣的、见识颇多的公民因其兴趣与信息的高级状况而暗自庆幸,而忘记了这一点,即他从不决策与行动。简言之,他跟二手的政治现实世界保持联系,他的阅读、倾听、思考,仿佛都是替代性的表演,最终把对时代问题的了解混淆为对这些问题采取某些行动。"参见拉扎斯菲尔德和默顿的经典文章 "Mass Communication, Popular Taste and Organized Social Action," in Lyman Bryson, ed., *The Communication of Ideas* (New York: Harper and Brothers, 1948), p.106。
   关于公共领域形成过程中讨论的重要性,参见 Gabriel Tarde: *On Communication and Social Influence*, ed. T. Clarke (Chicago: University of Chicago Press, 1969), and Jürgen Habermas, *The Structural Transformation of the Public Sphere* (Cambridge, Mass.: M.I.T. Press, 1989)。关于韦伯的理性化理论与哈贝马斯著作之间关系的深入讨论,参见 Douglas Kellner, "Critical Theory, Max Weber, and the Dialectics of Domination," in Robert Antonio and Ronald Glassman, eds., *A Weber-Marx Dialogue* (Lawrence: University of Kansas Press, 1985)。

38. 参见 Michael J. Robinson and Margaret Sheehan, *Over the Wire and on TV: CBS and UPI in Campaign '80* (New York: Russell Sage Foundation, 1983); and Charles Atkin and James Gaudino, "The Impact of Polling on the Mass Media," *Annals of the American Academy of Political and Social Science* 472 (1984): 119—28。

39. 参见 Barber, *Strong Democracy*, or Mansbridge, *Beyond Adversary Democracy*。

40. 参见 Samuel Popkin 最近关于在初选期间传播模式的著作 *The Reasoning Voter: Communication and Persuasion in Presidential Campaigns* (Chicago: University of Chicago Press, 1991)。

41. Benjamin Page and Robert Shapiro, *The Rational Public: Fifty Years of Trends in Americans' Policy Preferences* (Chicago: U-

niversity of Chicago Press, 1991).

42. 参见 Arterton, *Teledemocracy*, pp. 138—44。

43. 珍·艾尔斯坦对 QUBE 提出了类似批评,参见"Democracy and the Qube Tube," *The Nation*（August 7—14, 1982）:108—10。一些电子民主计划确实鼓励更加文本化的、不太正式的个人政治表达类型。克利夫兰的免费网络系统就是这样的一个例子。这是一个以社区为基础的电脑网络,公民能够接近海量的政府活动与服务信息,但也要在他们方便的时候,把个人的信息发送给政府代理人。参见 Kathleen L. Maciuszko, "A Quiet Revolution：Community Online Systems," *ONLINE*（November 1990）:24—32。政治学家詹姆斯·费希金（James Fishkin）的全国议程大会思想是另一个有趣的尝试,试图把非结构性的意见表达与电视联合在一起。他确立了一个计划,准备随机选取 600 人,就具有全国性意义的议程对他们进行民意调查,再让他们飞到得克萨斯州奥斯汀,参加"人民大会"。公共广播系统计划设立资金,播出大会活动的民众协商（代价是 350 万美元）,希望从"我们记者和政治家"一直沉溺其中的模式挣脱出来。参见 Walter Shapiro, "Vaulting Over Political Polls," *Time*（July 22, 1991）:27。

44. 例如参见 Philip E. Converse, "Changing Conceptions of Public Opinion in the Political Process," *Public Opinion Quarterly* 51 (1987): S12—S24。

45. Herbert Blumer, "Public Opinion and Public Opinion Polling," *American Sociological Review* 13 (1948): 242—49.

46. 焦点小组在政治顾问圈非常流行,市场研究者已经使用数年。作为意见表达技巧,这些小组处于理性化表达形式与非理性化意见表达形式之间的某个位置。一方面,参与者自由表达自己的心声;另一方面,参与者又被要求在焦点小组的领导者所提供的框架内表达。这可能是一个非常狭窄的框架,取决于雇主希望达成的目标。关于焦点小组在美国政治学上的运用,参见 Larry J. Sabato, *The Rise of Political Consultants：New Ways of Winning Elections*（New York：Basic, 1981）。

47. 关于政治认知的研究,参见 Richard Lau and David O. Sears, *Political Cognition：The Nineteenth Annual Carnegie Symposium on Cognition*（Hillsdale, N. J.：Lawrence Erlbaum, 1986）; or Doris A. Graber, *Processing the News：How People Tame the Information Tide*（New York：

Longman, 1984)。
48. 参见第六章"对民调的看法"。
49. Michael B. Salwen, "Credibility of Public Opinion Polls: Sources, Source Intent, and Precision," paper delivered at the annual meeting of the International Communication Association, Montreal, 1987.
50. 参见 David Morley, The "Nationwide" Audience: Structure and Decoding (London: British Film Institute, 1980). More recently, see Ellen Seiter, Hans Borchers, Gabrielle Kreutzner, and Maria Warth, Remote Control: Television, Audiences, and Cultural Power (London: Routledge, 1991).
51. 参见 Janice Radway, Reading the Romance: Women, Patriarchy, and Popular Literature (Chapel Hill: University of North Carolina Press, 1984); and Tamar Liebes and Elihu Katz, The Export of Meaning: Cross-Cultural Readings of "Dallas" (New York: Oxford University Press, 1990).
52. 恰如在受众民族志中，某人可能会探究被调查者的背景、信仰、意识形态身份认同；拥有这些信息，研究者能够继续就公众舆论的形式、意义访问人们。也许，拒绝调查——假如这一调查意义重大——就会出现在这些访谈的语境之中。
53. Introduction to "My 'Public-Opinion Baths,'" in Mario Cuomo and Harold Holzer, eds., Lincoln on Democracy (New York: Harper Collins, 1990), pp. 284—85.
54. Ibid., p. 285.

参考文献

Abramson, Paul. 1983. *Political Attitudes in America: Formation and Change*. San Francisco, Calif.: W. H. Freeman.

Abramson, Paul, John Aldrich, and David Rohde. 1990. *Change and Continuity in the 1988 Elections*. Washington. D. C.: Congressional Quarterly Press.

Albrow, Martin. 1987. The Application of the Weberian Concept of Rationalization to Contemporary Conditions. In *Max Weber, Rationality, and Modernity*, ed. S. Lash and S. Whimster. London: Allen & Unwin.

Allard, Winston. 1941. Congressional Attitudes toward Public Opinion Polls, *Journalism Quarterly* 18:47—50.

Allen, Robert. 1987. Reader-Oriented Criticism and Television. In *Channels of Discourse: Television and Contemporary Criticism*, ed. R. Allen. Chapel Hill: University of North Carolina Press.

Alonso, William, and Paul Starr. 1987. *The Politics of Numbers*. New York: Russell Sage.

Altschuler, Bruce E. 1986. Lyndon Johnson and the Public Polls. *Public Opinion Quarterly* 50:285—99.

Aristotle. 1962. *The Politics*. Edited and translated by T. A. Sinclair. Baltimore: Penguin Books.

Arterton, F. Christopher. 1987. *Teledemocracy: Can Technology Protect Democracy?* Newbury Park, Calif.: Sage.

Asher, Herbert. 1988. *Polling and the Public: What Every Citizen Should Know*. Washington, D. C.: Congressional Quarterly Press.

Back, Kurt. 1988. Metaphors for Public Opinion in Literature. *Public Opinion Quarterly* 52:278—88.

Backstrom, Charles, and Gerald Hursh-Cesar. 1981. *Survey Research*. New

York: J. Wiley.

Baker, Keith. 1987. Politics and Public Opinion under the Old Regime. In *Press and Politics in Pre-Revolutionary France*, ed. J. Censer and J. Popkin. Berkeley: University of California Press.

Bakhtin, Mikhail. 1981. Discourse in the Novel. In *The Dialogic Imagination*. Edited and translated by Caryl Emerson and Michael Holquist. Austin, Tex: University of Texas Press.

Barber, Benjamin. 1984. *Strong Democracy: Participatory Politics for a New Age*. Berkeley: University of California Press.

Bauer, Wilhelm. 1930. Public Opinion. In *Encyclopaedia of the Social Sciences*, ed. E. Seligman. New York: Macmillan.

Bender, T. 1978. *Community and Social Change in America*. New Brunswick, N. J. : Rutgers University Press.

Bendix, Reinhard. 1962. *Max Weber: An Intellectual Portrait*. Garden City, N. Y. : Anchor.

Beniger, James R. 1983. The Popular Symbolic Repertoire and Mass Communication. *Public Opinion Quarterly* 47:483.

———. 1986. *The Control Revolution: Technological and Economic Origins of the Information Society*. Cambridge, Mass. : Harvard University Press.

Beniger, James R., and Robert Giuffra. 1987. Public Opinion Polling: Command and Control in Presidential Campaigns. In *Presidential Selection*, ed. A. Heard and M. Nelson. Durham, N.C. : Duke University Press.

Berger, Peter, and Thomas Luckmann. 1967. *The Social Construction of Reality: A Treatise in the Sociology of Knowledge*. Garden City, N. Y. : Anchor Books.

Binkley, W. E., and M. C. Moos. 1958. *A Grammar of American Politics*. New York: Knopf.

Blumer, Herbert. 1948. Public Opinion and Public Opinion Polling. *American Sociological Review* 13:242—49.

Bogart, Leo. 1988. *Polls and the Awareness of Public Opinion*. New Brunswick, N. J. : Transaction.

Bourdieu, Pierre. 1979. Public Opinion Does Not Exist. In *Communication and Class Struggle*, ed. A. Mattelart and S. Siegelaub. New York: International General.

Brody, Richard, and Benjamin Page. 1975. The Impact of Events on Presidential

Popularity: The Johnson and Nixon Administrations. In *Perspectives on the Presidency*, ed. A. Wildavsky. Boston: Little, Brown.

Brubaker, Rogers. 1984. *The Limits of Rationality: An Essay on the Social and Moral Thought of Max Weber*. London: George Allen & Unwin.

Bryce, James. 1891. *The American Commonwealth*. New York: Macmillan.

Bulmer, Martin, Kevin Bales, and Kathryn Kish Sklar. 1991. *The Social Survey in Historical Perspective 1880—1940*. Cambridge: Cambridge University Press.

Burke, Kenneth. 1989. *On Symbols and Society*. Chicago: University of Chicago Press.

Calhoun, Craig, ed. 1992. *Habermas and the Public Sphere*. Cambridge, Mass.: M.I.T. Press.

Cantrell, Paul. 1989. Political Polling in America: A Study of Institutional Structures and Processes. Ph.D. diss., The New School for Social Research.

Cantril, Albert. 1991. *The Opinion Connection: Polling, Politics, and the Press*. Washington, D.C.: Congressional Quarterly Press.

Cavalli, Luciano. 1987. Charisma and Twentieth-Century Politics. In *Max Weber, Rationality, and Modernity*, ed. S. Lash and S. Whimster. London: Allen & Unwin.

Ceci, S.J., and E. Kain. 1982. Jumping on the Bandwagon with the Underdog: The Impact of Attitude Polls on Polling Behavior. *Public Opinion Quarterly* 26:228—42.

Childs, Harwood. 1965. *Public Opinion: Nature, Formation, and Role*. Princeton, N.J.: D. Van Nostrand.

Clergue, Helen. 1971. *The Salon: A Study of French Society and Personalities in the Eighteenth Century*. New York: Burt Franklin.

Cohen, Jean. 1972. Max Weber and the Dynamics of Rationalized Domination. *Telos* 14:63—86.

Cohen, Patricia Cline. 1982. *A Calculating People: The Spread of Numeracy in Early America*. Chicago: University of Chicago Press.

Converse, Jean. 1987. *Survey Research in the United States: Roots and Emergence, 1890—1960*. Berkeley: University of California Press.

Converse, Philip E. 1987. Changing Conceptions of Public Opinion in the Political Process. *Public Opinion Quarterly* 51: S12—S24.

Cooper, Lynn. 1974. *Policing America*. Englewood Cliffs, N.J.: Prentice-Hall.

Coser, Lewis. 1970. *Men of Ideas*. New York: Free Press.
Crespi, Irving. 1987. Surveys as Legal Evidence. *Public Opinion Quarterly* 51: 84—91.
———. 1988. *Pre-Election Polling: Sources of Accuracy and Error*. New York: Russell Sage.
———. 1989. *Public Opinion, Polls, and Democracy*. Boulder, Colo.: Westview.
Dahl, Robert, and Edward Tufte. 1973. *Size and Democracy*. Stanford, Calif.: Stanford University Press.
Darnton, Robert. 1985. *The Great Cat Massacre and Other Episodes in French Cultural History*. New York: Vintage.
Davis, L. 1964. The Cost of Realism: Contemporary Restatements of Democracy. Western *Political Quarterly* 17:38.
Dicken-Garcia, Hazel. 1989. *Journalistic Standards in Nineteenth-Century America*. Madison: University of Wisconsin Press.
Dinkin, Robert. 1989. *Campaigning in America: A History of Election Practices*. Westport, Conn.: Greenwood Press.
Dreyfus, Hubert L., and Paul Rabinow. 1983. *Michel Foucault: Beyond Structuralism and Hermeneutics*. Chicago: University of Chicago Press.
DuBois, Ellen Carol. 1978. *Feminism and Suffrage: The Emergence of an Independent Women's Movement in America, 1848—1869*. Ithaca, N. Y.: Cornell University Press.
Durkheim, Émile. 1915. *The Elementary Forms of the Religious Life: A Study in Religious Sociology*. Translated by Joseph Swain. London: George Allen & Unwin.
Dutka, Solomon. 1989. Misuses of Statistics in Marketing and Media Research: What Will Happen to Research Quality in the '90s? Transcript of Proceedings of the ARF seventh annual Research Quality Workshop. New York: Advertising Research Foundation.
Easton, D. 1965. *A Systems Analysis of Political Life*. New York: Wiley.
Easton, D., and Dennis, J. 1969. *Children in the Political System: Origins of Political Legitimacy*. New York: McGraw-Hill.
Edelman, Murray. 1985. *The Symbolic Uses of Politics*. Urbana: University of Illinois Press.
Eisenstein, Elizabeth. 1979. *The Printing Press as an Agent of Change: Com-

munications and Cultural Transformations in Early-Modern Europe. Cambridge: Cambridge University Press.

Ellul, Jacques. 1964. *The Technological Society*. Translated by John Wilkinson. New York: Alfred A. Knopf.

Elstain, Jean. 1982. Democracy and the Qube Tube. *The Nation* (August 7—14): 108—19.

Emden, C. S. 1956. *The People and the Constitution*. London: Oxford University Press.

Emery, E., and M. Emery. 1984. *The Press and America: An Interpretive History of the Mass Media*. Englewood Cliffs, N.J.: Prentice-Hall.

Entman, Robert. 1989. *Democracy without Citizens: Media and the Decay of American Politics*. New York: Oxford University Press.

Epstein, L., and G. Strom. 1981. Election Night Projections and West Coast Turnout. American *Politics Quarterly* 9:479—91.

Evans, Sara M. 1989. *Born for Liberty: A History of Women in America*. New York: Free Press.

Firth, Raymond. 1973. *Symbols: Public and Private*. London: George Allen & Unwin.

Fite, Gilbert. 1971. Election of 1896. In *History of American Presidential Elections, 1789—1968*. ed. Arthur M. Schlesinger, Jr. New York: Chelsea House.

Foucault, Michel. 1973. *Madness and Civilization: A History of Insanity in the Age of Reason*. Translated by Richard Howard. New York: Vintage.

————. 1979. *Discipline and Punish: The Birth of the Prison*. Translated by Alan Sheridan. New York: Vintage.

————. 1980. Two Lectures. In *Power/Knowledge: Selected Interviews and Other Writings, 1972—1977*, ed. Colin Gordon. New York: Pantheon.

————. 1990. *The History of Sexuality* vol. 1. Translated by R. Hurley. New York: Vintage.

Freud, Sigmund. 1972. *A General Introduction to psychoanalysis*. New York: Simon & Schuster.

Gallup, George, and Saul Rae. 1940. *The Pulse of Democracy: The Public Opinion Poll and How It Works*. New York: Greenwood Press.

Gerth, Hans, and C. Wright Mills. 1953. *Character and Social Structure: The Psychology of Social Institutions*. New York: Harcourt, Brace.

Ginsberg, Benjamin. 1986. *The Captive Public: How Mass Opinion Promotes State Power*. New York: Basic.

Gitlin, Todd. 1980. *The Whole World Is Watching*. Berkeley: University of California Press.

Glynn, Carroll J., and Ronald E. Ostman. 1988. Public Opinion about Public Opinion. *Journalism Quarterly* 65:299—306.

Gollin, Albert E. 1987. Polling and the News Media. *Public Opinion Quarterly* 51:586—94.

Goodman, Dena. 1989. *Enlightenment Salons: The Convergence of Female and Philosophic Ambitions*. Eighteenth Century Studies 22:329—50.

Gordon, Colin. 1987. The Soul of the Citizen: Max Weber and Michel Foucault on Rationality and Government. In *Max Weber, Rationality, and Modernity*, ed. S. Lash and S. Whimster. London: Allen & Unwin.

Gosnell, Harold. 1930. Ballot. In *The Encyclopaedia of the Social Sciences*, vol. 2, ed. E. Seligman. New York: Macmillan.

Gould, Stephen J. 1981. *The Mismeasure of Man*. New York: W. W. Norton.

Gouldner, Alvin. 1976. *The Dialectic of Ideology and Technology: The Origins, Grammar, and Future of Ideology*. New York: Oxford University Press.

Graber, Doris. 1984. *Processing the News: How People Tame the Information Tide*. New York: Longman.

Greenstein, Fred. 1965. *Children and Politics*. New Haven, Conn.: Yale University Press.

Groves, Robert M. 1989. *Survey Costs and Survey Errors*. New York: John Wiley & Sons.

Gusfield, Joseph. 1986. *Symbolic Crusade: Status Politics and the American Temperance Movement*. Urbana: University of Illinois Press.

Habermas, Jürgen. 1974. The Public Sphere: An Encyclopedia Article. *New German Critique* 1:50.

————. 1981. New Social Movements. *Telos* 49:33—37.

————. 1984. *The Theory of Communicative Action*. Translated by Thomas McCarthy. Boston: Beacon Press.

————. 1989. *The Structural Transformation of the Public Sphere: An Inquiry into a Category of Bourgeois Society*. Cambridge, Mass.: M. I. T. Press.

Hardy, Hugh. 1990. *The Politz Papers: Science and Truth in Marketing Research*. Chicago: American Marketing Association.

Hawver, Carl. 1954. The Congressman and His Public Opinion Poll. *Public Opinion Quarterly* 18:123—29.

Hayes, Michael T. 1983. Interest Groups: Pluralism or Mass Society. In *Interest Group Politics*, ed. Allan Cigler and Burdett Loomis. Washington, D. C.: Congressional Quarterly Press.

Held, David. 1987. *Models of Democracy*. Stanford, Calif.: Stanford University Press.

Henshel, R., and W. Johnston. 1987. The Emergence of Bandwagon Effects: A Theory. *Sociology Quarterly* 28:493—511.

Herrnson, Paul. 1988. *Party Campaigning in the 1980s*. Cambridge, Mass.: Harvard University Press.

Hindess, Barry. 1987. Rationality and the Characterization of Modern Society. In *Max Weber, Rationality, and Modernity*, ed. S. Lash and S. Whimster. London: Allen & Unwin.

Holcombe, A. 1925. Round Table on Political Statistics: The Measurement of Public Opinion. *American Political Science Review* 19:123—26.

Honomichl, Jack. 1982. How Much Spent on Research: Follow Me. *Advertising Age*, June 21.

Horkheimer, Max. 1972. *Critical Theory: Selected Essays*. New York: Herder & Herder.

Horkheimer, Max, and Theodor Adorno. 1987. *Dialectic of Enlightenment*. Translated by John Cumming. New York: Continuum.

Hoy, David Couzens. 1986. Power, Repression, Progress: Foucault, Lukes, and the Frankfurt School. In *Foucault: A Critical Reader*, ed. D. Hoy. New York: Basil Blackwell.

Jacobs, Herbert. 1967. To Count a Crowd. *Columbia Journalism Review* (Spring): 37—40.

Jensen, Richard. 1971. *The Winning of the Midwest: Social and Political Conflict, 1888—96*. Chicago: University of Chicago Press.

Käsler, Dirk. 1988. *Max Weber: An Introduction to His Life and Work*. Chicago: University of Chicago Press.

Keller, Morton. 1977. *Affairs of State: Public Life in Late Nineteenth Century America*. Cambridge, Mass.: Harvard University Press.

Kertzer, David I. 1988. *Ritual, Politics, and Power.* New Haven, Conn. : Yale University Press.

Key, V. O. 1961. *Public Opinion and American Democracy.* New York: Alfred A. Knopf.

Kish, Leslie. 1967. *Survey Sampling.* New York: J. Wiley.

Kornhauser, William. 1959. *The Politics of Mass Society.* New York: Free Press.

Lakoff, George. 1987. *Women, Fire, and Dangerous Things: What Categories Reveal about the Mind.* Chicago: University of Chicago Press.

Landes, Joan. 1988. *Women and the Public Sphere in the Age of the French Revolution.* Ithaca, N. Y. : Cornell University Press.

Lasch, Christopher. 1976. The Family as a Haven in a Heartless World. *Salmagundi* 35:42—55.

Lau, Richard, and David O. Sears. 1986. *Political Cognition: The Nineteenth Annual Carnegie Symposium on Cognition.* Hillsdale, N. J. : Lawrence Erlbaum.

Le Bon, Gustave. 1977. *The Crowd: A Study of the Popular Mind.* New York: Penguin.

Lécuyer. B. , and A. Oberschall. 1968. The Early History of Social Research. In *The International Encyclopedia of the Social Sciences*, ed. David Sills. New York: Macmillan.

Levine, Donald N. 1981. Rationality and Freedom: Weber and Beyond. *Social Inquiry* 51:5—25.

Liebes, Tamar, and Elihu Katz. 1990. *The Export of Meaning: Cross-Cultural Readings of "Dallas".* New York: Oxford University Press.

Lippmann, Walter. 1925. *The Phantom Public.* New York: Harcourt, Brace.

―――. 1965. *Public Opinion.* New York: Free Press.

Locke, John. 1894. *An Essay Concerning Human Understanding.* ed. Alexander Campbell Fraser. Oxford: Clarendon Press.

Lougee, Carolyn. 1976. *La Paradis des Femmes: Women, Salons, and Stratification in Seventeenth Century France.* Princeton, N. J. : Princeton University Press.

Lukács, Georg. 1971. *History and Class Consciousness.* Translated by Rodney Livingstone. Cambridge, Mass. : M. I. T. Press.

Machiavelli, Niccolò. 1986. *The Prince.* Translated by N. H. Thompson. Buffalo, N. Y. : Prometheus.

Mackenzie, W. J. M. 1968. The Function of Elections. In *The Encyclopedia of the Social Sciences*, vol. 5, ed. D. Sills. New York: Macmillan.

Mann, Leon. 1974. Counting the Crowd: Effects of Editorial Policy on Estimates. *Journalism Quarterly* 51:278—85.

Mansbridge, Jane. 1983. *Beyond Adversary Democracy*. Chicago: University of Chicago Press.

Marcuse, Herbert. 1972. Industrialization and Capitalism. In *Max Weber and Sociology Today*, ed. Otto Stammer. New York: Harper & Row.

————. 1981. *Reason and Revolution. Hegel and the Rise of Social Theory*. New York: Oxford University Press.

————. 1982. Some Social Implications of Modern Technology. In *The Essential Frankfurt School Reader*, ed. Andrew Arato and Eike Gebhardt. New York: Continuum.

Martin, Kingsley. 1954. *The Rise of French Liberal Thought: A Study of Political Ideas from Bayle to Condorcet*. New York: New York University Press.

Mayer, J. P. 1943. *Max Weber and German Politics*. London: Faber & Faber.

Mayhew, David. 1974. *Congress: The Electoral Connection*. New Haven, Conn. : Yale University Press.

Mayo, H. 1960. *An Introduction to Democratic Theory*. New York: Oxford University Press.

McClelland, J. S. 1989. *The Crowd and the Mob: From Plato to Canetti*. London: Unwin Hyman.

McGerr, Michael. 1986. *The Decline of Popular Politics: The American North, 1865—1928*. New York: Oxford University Press.

Mead, George Herbert. 1962. *Mind, Self, and Society: From the Standpoint of a Social Behaviorist*. Chicago: University of Chicago Press.

Meadow, Robert G. 1983. Televised Campaign Debates as Whistle-Stop Speeches. In *Television Coverage of the 1980 Presidential Campaign*, ed. William C. Adams. Norwood, N. J. : Ablex.

Meier, Norman, and Harold Saunders. 1949. *The Polls and Public Opinion*. New York: Henry Holt.

Merkle, Daniel M. 1991a. The Effects of Opinion Poll Results on Public Opinion: A Review and Synthesis of Bandwagon and Underdog Research. Paper delivered at the forty-first annual conference of the International Communication Association, Chicago.

―――――. 1991b. The Impact of Prior Belief and Disclosure of Methods on Perceptions of Poll Data Quality and Methodological Discounting. Paper presented at the annual meeting of the Association of Education in Journalism and Mass Communication, Boston.

Meyer, Philip. 1973. *Precision Journalism: A Reporter's Introduction to Social Science Methods*. Bloomington: Indiana University Press.

Miller, Mark Crispin. 1988. *Boxed In: The Culture of TV*. Evanston: Northwestern University Press.

Miller, Peter V. 1985. The Folklore of Audience Measurement. Paper presented at the annual meeting of the Midwest Association for Public Opinion Research, Chicago.

―――――. 1991. Which Side Are You On? The 1990 Nicaraguan Poll "debacle." *Public Opinion Quarterly* 55: 281—302.

Miller, Peter, Daniel M. Merkle, and Paul Wang. 1991. Journalism with Footnotes: Reporting the "Technical Details" of Polls. In *Polling and Presidential Election Coverage*, ed. Paul J. Lavrakas and Jack K. Holley. Newbury Park, Calif.: Sage Publications.

Mills, C. Wright. 1961. *The Sociological Imagination*. New York: Grove Press.

Minar, David. 1960. Public Opinion in the Perspective of Political Theory. *Western Political Quarterly* 13:31—44.

Monkkonen, Eric H. 1981. *Police in Urban America, 1860—1920*. Cambridge: Cambridge University Press.

Morley, David. 1980. *The "Nationwide" Audience: Structure and Decoding*. London: British Film Institute.

Mosteller, Frederick. 1949. *The Pre-Election Polls of 1948: Report to the Committee on Analysis of Pre-Election Polls and Forecasts*. New York: Social Science Research Council.

Mott, Frank. 1968. *American Journalism, A History: 1690—1960*. New York: Macmillan.

Nathans, Benjamin. 1990. Habermas's "Public Sphere" in the Era of the French Revolution. *French Historical Studies* 16:620—44.

Noelle-Neumann, Elisabeth. 1984. *The Spiral of Silence: Public Opinion-Our*

Social Skin. Chicago: University of Chicago Press.

Ozouf, Mona. 1988. "Public Opinion" at the End of the Old Regime. *Journal of Modern History* 60: S1—S21.

Page, Benjamin, and Robert Shapiro. 1991. *The Rational Public: Fifty Years of Trends in Americans' Policy Preferences*. Chicago: University of Chicago Press.

Paletz, David L., et al. 1980. Polls in the Media: Content, Credibility, and Consequences. *Public Opinion Quarterly* 44:495—513.

Palmer, Paul. 1964. The Concept of Public Opinion in Political Theory. In *Essays in History and Political Theory in Honor of Charles Howard McIlwain*, ed. C. Wittke. New York: Russell & Russell.

Papajohn, George. 1991. Numbers Serve to Prove You Can't Quantify Life. *Chicago Tribune*, 1 May, p. 18.

Parsons, Talcott. 1964. *Introduction to The Sociology of Religion*, by Max Weber. Translated by Ephraim Fischoff. Boston: Beacon Press.

Pateman, Carole. 1970. *Participation and Democratic Theory*. Cambridge: Cambridge University Press.

Pennock, J. Roland. 1979. *Democratic Political Theory*. Princeton, N.J.: Princeton University Press.

Piven, Frances Fox, and Richard A. Cloward. 1988. *Why Americans Don't Vote*. New York: Pantheon.

Platt, Anthony. 1974. *Policing America*. Englewood Cliffs, N.J.: Prentice-Hall.

Popkin, Samuel. 1991. *The Reasoning Voter: Communication and Persuasion in Presidential Campaigns*. Chicago: University of Chicago Press.

Porter, Theodore. 1986. *The Rise of Statistical Thinking: 1820—1900*. Princeton, N.J.: Princeton University Press.

Price, Warren. 1953. What Daily News Executives Think of Public Opinion Polls. *Journalism Quarterly* 30:287—99.

Quenell, Peter. 1980. *Affairs of the Mind: The Salon in Europe and America from the Eighteenth to the Twentieth Century*. Washington, D.C.: New Republic Books.

Radway, Janice. 1984. *Reading the Romance: Women, Patriarchy, and Popular Literature*. Chapel Hill: University of North Carolina Press.

Robinson, Claude. 1932. *Straw Votes: A Study of Political Prediction*. New

York: Columbia University Press.

Robinson, John P., and Robert Meadow. 1982. *Polls Apart*. New York: Seven Locks Press.

Rogers, Lindsay. 1949. *The Pollsters: Public Opinion, Politics, and Democratic Leadership*. New York: Knopf.

Roper, Burns W. 1983. Some Things That Concern Me. *Public Opinion Quarterly* 47:303—9.

Ross, Dorothy. 1991. *The Origins of American Social Science*. Cambridge: Cambridge University Press.

Roth, Guenther. 1987. Rationalization in Max Weber's Developmental History. In *Max Weber, Rationality, and Modernity*, ed. S. Lash and S. Whimster. London: Allen & Unwin.

Rothenbuhler, Eric. 1985. Media Events, Civil Religion, and Social Solidarity: The Living Room Celebration of the Olympic Games. Ph. D. diss., University of Southern California.

Rousseau, Jean-Jacques. 1950. *The Social Contract and the Discourses*. Translated and edited by G. D. Cole. New York: E. P. Dutton.

Roustan, M. 1926. *The Pioneers of the French Revolution*. Boston: Little, Brown.

Routh, Harold. 1932. Steele and Addison. In *The Cambridge History of English Literature*, vol. 9, ed. A. Ward and A. R. Waller. Cambridge: Cambridge University Press.

Rudé, George. 1959. *The Crowd in the French Revolution*. London: Oxford University Press.

————. 1981. *The Crowd in History: A Study of Popular Disturbances in France and England, 1730—1848*. London: Lawrence and Wishart.

Ryan, Mary. 1981. *Cradle of the Middle Class: The Family in Oneida County, New York, 1790—1865*. New York: Cambridge University Press.

————. 1990. *Women in Public: Between Banners and Ballots, 1825—1880*. Baltimore: Johns Hopkins University Press.

Sabato, Larry J. 1981. *The Rise of Political Consultants: New Ways of Winning Elections*. New York: Basic.

Salwen, Michael B. 1987. Credibility of Public Opinion Polls: Sources, Source Intent, and Precision. Paper presented at the annual meeting of the International Communication Association, Montreal.

Sapir, Edward. 1934. Symbolism. In *Encyclopaedia of the Social Sciences*, vol. 14, ed. E. Seligman. New York: Macmillan.

Schumpeter, Joseph A. 1962. *Capitalism, Socialism and Democracy*, 3d ed. New York: Harper & Row.

Seiter, Ellen, Hans Borchers, Gabrielle Kreutzner, and Maria Warth. 1991. *Remote Control: Television, Audiences, and Cultural Power*. London: Routledge.

Sennett, Richard. 1970. *Families Against the City: Middle Class Homes of Industrial Chicago, 1872—1890*. Cambridge, Mass.: Harvard University Press.

Sinclair, John. 1798. *The Statistical Account of Scotland*. Edinburgh: William Creech.

Stigler, Stephen M. 1986. *The History of Statistics: The Measurement of Uncertainty before 1900*. Cambridge, Mass.: Harvard University Press.

Smart, Barry. 1985a. *Foucault, Marxism, and Critique*. London: Routledge & Kegan Paul.

_____. 1985b. *Michel Foucault*. London: Tavistock.

Smith, Tom. 1990. The First Straw? A Study of the Origins of Election Polls. *Public Opinion Quarterly* 54:21—36.

Sudman, Seymour. 1978. *Applied Sampling*. New York: Academic Press.

Sudman, Seymour, and Norman Bradburn. 1987. The Organizational Growth of Public Opinion Research in the United States. *Public Opinion Quarterly* 51:567—78.

Schudson, Michael. 1978. *Discovering the News: A Social History of American Newspapers*. New York: Basic.

Sussman, Barry. 1988. *What Americans Really Think and Why Our Politicians Pay No Attention*. New York: Pantheon.

Sussmann, Leila. 1963. *Dear FDR: A Study of Political Letter Writing*. Totowa, N.J.: Bedminster.

Taft, William H. 1986. *Encyclopedia of Twentieth-Century Journalists*. New York: Garland.

Thompson, E. P. 1971. The Moral Economy of the English Crowd in the Eighteenth Century. *Past and Present* 50:76—136.

Tilly, Charles. 1984. Speaking Your Mind without Elections, Surveys, or Social Movements. *Public Opinion Quarterly* 47:465.

Tinker, Chauncey Brewster. 1915. *The Salon and English Letters*. New York: Macmillan.

Tocqueville, Alexis de. 1969. Democracy in America, ed. J. P. Mayer. New York: Anchor.

Wattenberg, Martin P. 1986. *The Decline of American Political Parties, 1952—1984*. Cambridge, Mass.: Harvard University Press.

Weber, Max. 1946. Science as a Vocation. In *From Max Weber: Essays in Sociology*. Translated and edited by H. H. Gerth and C. Wright Mills. New York: Oxford.

―――. 1958. *The Protestant Ethic and the Spirit of Capitalism*. Translated by Talcott Parsons. New York: Charles Scribner's Sons.

―――. 1978. *Economy and Society: An Outline of Interpretive Sociology*, ed. Guenther Roth and Claus Wittich. Berkeley: University of California Press.

Wellman, Walter. 1908. The Management of the Taft Campaign. *Review of Reviews* 38:432—38.

Winner, Langdon. 1983. *Autonomous Technology: Technics-Out-of-Control as a Theme in Political Thought*. Cambridge, Mass.: M. I. T. Press.

Wheeler, Michael. 1976. *Lies, Damn Lies, and Statistics: The Manipulation of Public Opinion in America*. New York: Liveright.

Zelinsky, Wilbur. 1988. *Nation into State: The Shifting Symbolic Foundations of American Nationalism*. Chapel Hill, N. C.: University of North Carolina Press.

译 后 记

大约在2008年的4月或5月间,"北京奥运会""汶川大地震""美国总统选举"等成为媒体的高频词之际,我拿到了 Numbered Voices 这本书的英文版,又在2008年、2012年之间直接从媒体上不断触及民意调查在美国总统选举中的无处不在、无所不及的巨大存在感,萌生了将这部小书翻译成中文版的想法。如今,经历又一个4年之后,特朗普在支持与攻击、谩骂与对抗中问鼎总统宝座,而传统媒体与众多声名显赫的民调机构再次因为预测的失误而在诸多惊呼与怀疑中备受声誉的损失,如同1948年杜鲁门奇迹般赢得选战的胜利,他手举印有"杜威击败杜鲁门"大幅通栏标题的《芝加哥每日论坛报》返回华盛顿,接受75万人的夹道欢迎……时过境迁,世易时移,但同样的剧情再次上演!历史竟如此惊人地相似!究竟是某个特殊的群体或者是某些"沉默的大多数"响应他们内心的呼唤,走向他们曾经冷眼相看的投票站,抑或大数据时代被民调业引以为傲的调查方法失效,还是其他……浏览完这本小书的读者也许会获得一种另类的解答。

本书主要涉及两组核心概念:一组是政治学民主理论中的经典术语,如公众、公民或民众等;一组是统计学术语,如调查、测量、计算等。参照国内政治学、传播学通行的译法,本书一般将"public opinion"译为"公众舆论",特殊情况参照上下文的语境,译为"公众意见";将"the general will""the will of the people"译为"民意";将"public mood""popular feelings""popular mood"等译为"大众情绪";将"mass belief"译为"大众信念";将"public""citizen"等译为"公众""公民";将"crowd/crowds"译为"群众"。从历史发展的角度而言,民意调查这个概念实际上包括了1936年之前所谓"趣味"阶段的模拟调查、1936年之后的所谓"科学"阶段民意调查,但因为所谓"科学"民意调查的巨大影响,在大多数政治学、社会学和传播学等学科的著作中,民意调查已经等同于"科学的"民意调查,因而在译法上,"straw poll"一般译为"模拟调查"或"模拟投票","opinion poll""opinion polling""public opinion poll"等一般译为"民意调查",有时简称为"民调"。

本书的翻译得以完成,首先离不开美国威斯康星大学麦迪逊分校潘忠党教授的鼓励与提携。潘先生是我2013年在美国威斯康星大学麦迪逊分校访学时的导师。对我这样一个"哑巴英语"学者如此冒昧与鲁莽的想法,潘先生鼓励有加,帮我出主意,教我如何联系出版社;抽出宝贵的时间审读我的初稿,在关键概念、重要段落上纠正我各种文不对题、漏洞百出的译文;更重要的是,潘先生还给本书的中文版作序,为进一步研读和理解这本政治传播专著的读者打开了新的窗口。

有人感慨说:"译事之难,难于上青天"!不自己动手,自始至终翻译一本外文书,恐怕很难有如此深切的体会。"信、达、雅"是每个译者追求的完美境界,但自问我的外文水准难以企及万一,所幸传播学博士杨席珍副教授在关键的时候伸出援手,帮我校注了整个译稿,谨致谢忱!我还要特别感谢中国人民大学新闻学院教授、《国际新闻界》主编刘海龙先生,天津社会科学院舆情研究所所长、教授王来华先生在向北京大学出版社推荐此书时所给予的肯定与支持。

需要郑重说明的是,译稿在翻译过程中的所有纰缪、不足都由本人承担,与以上几位先生无关。

本书最初的试译由我的研究生郭梦宁完成。二稿完成后,我的研究生吉慧娴打印了英文参考文献、英文索引,同时还与博士生梅潇一起通读了全部译稿。

感谢家人对我一直以来的关心、耐心与爱心!在翻译此书期间,久为"阿尔茨海默症"所困的父亲不幸仙逝,愿此书的出版可以告慰天堂中的父亲,希望他老人家在另一个世界一切安好!

感谢北京大学出版社能够给本译稿一个付梓面世的机会,衷心感谢周丽锦女士为本书的出版所付出的辛勤与劳动！责任编辑张盈盈女士对译稿进行了认真而又细致的译校与把关，谨向她的智慧与专业精神致敬！

张　健

2016 年 8 月初稿

2017 年 10 月定稿